꿈을 향해 더불어 성장하는 행복한 민주시민

학교에서의
민주시민교육의 실제

장미숙 지음

꿈을 향해 더불어 성장하는 행복한 민주시민

학교에서의
민주시민교육의 실제

장미숙 지음

LH YANG Jih 향지북스

민주시민으로의 성장

우리나라 교육기본법 제1장 제2조 교육이념을 보면, '교육은 홍익인간(弘益人間)의 이념 아래 모든 국민으로 하여금 인격을 도야(陶冶)하고 자주적 생활능력과 민주시민으로서 필요한 자질을 갖추게 함으로써 인간다운 삶을 영위하게 하고 민주국가의 발전과 인류공영(人類共榮)의 이상을 실현하는 데에 이바지하게 함을 목적으로 한다.'라고 밝히고 있다.

교육부는 2018년 12월에 2019년부터 민주적인 학교문화를 확산하는 역할을 할 '민주시민학교' 운영에 대한 민주시민교육 활성화 종합계획을 발표했다. 교육부는 "민주시민교육은 수동적으로 복종하는 국민이 아닌 주체적이고 능동적인 시민을 키우는 교육"이라며 "반공 · 준법 의식만 강조한 과거 국가주의적 교육 탓에 민주시민교육에 대한 무관심과 오해가 남아있다"라고 그 이유를 밝혔다.

경기도는 민주시민교육 활성화를 위해 경기도 민주시민교육 조례를 제정하여 2017년 4월부터 시행하도록 하였다. 여기서 민주시민교육을 '경기도민이 세계시민으로서 또 주권자로서 민주국가와 시민사회의 지속 발전을 위한 지식 · 기능 · 가치 · 태도 등 민주시민의 자질과 소양을 함양하여 건강한 시민으로 정치생활을 영위하여 성숙된 삶을 살아갈 수 있도록 하는 교육'이라고 밝히고 있다.

민주시민교육의 필요성은 우리나라 교육기본법에 명시되어 있듯이 오랫동안 강조되어 왔고, 각 급 학교에서는 학생들이 인식하든 인식하지 못하든 민주시민교육을 실시하여 왔다. 이러한 교육의 영향으로 우리나라 국민들의 민주시민 의식은 과거보다 많이 향상되었지만, 여전히 남북 냉전적인 이념 문제로 인한 갈등, 정치적 무관심에 따른 낮은 투표율, 편의주의적 사고방식과 행동의 횡행, 공중도덕 의식의 부재 등을 보았을 때, 민주시민교육의 실효성에 대해 의문을 제기하곤 한다.

본인은 교직에 몸담고, 도덕 교과와 연계하여 민주시민교육을 지속적으로 실시해 왔다. 최근 들어 교육부 차원에서 민주시민교육이 강조되고 있고 학교 민주시민교육 담당자로 업무나 교과와 관련하여 학생들을 지도한 내용 위주로 소개해 보고자 한다. 특히 평화 · 인권 교육에 많은 관심을 갖고 수업에 임했으며, 요 근래 실천한 민주시민교육 내용 위주로 책을 엮였다.

학교에서 민주시민교육 업무를 담당하면서 형식적인 면에 치우친 민주시민교육의 실천 방식을 조금이라도 개선해 보고자 하는 마음으로 민주시민교육을 교과와 연계하여 실천하는 방안을 고민하면서 이 책을 쓰게 되었다. 민주시민교육을 고민하는 사람들과 함께 공유하는 기회가 되길 희망해 본다.

학생들의 생활과 밀접한 민주시민교육을 실시함으로써, 학생들이 자신의 존재 가치를 소중히 여기면서도 공공성을 생각하는 시민으로 성장하길 바란다. 교사는 민주시민교육을 하면서 학생들에게 먼저 '나는 누구인가?'에 대해 끊임없이 물음을 제기하고, 더 나아가 '우리 사회는 어떤 사회인가?', '행복한 사회의 모습은 어떠한가?'를 고민하고 탐색하며 그 방향성을 함께 찾아가야 한다.

2019년 여름에
장미숙

차례

PART 4 민주시민교육의 실제 Ⅱ
– 더불어 살아가는 지구공동체를 희망하며

PART 1
민주시민교육을 시작하며

I 민주시민교육을 시작하며

1장 왜 민주시민교육인가?

'한 나라의 국민성은 그 나라의 시민교육(민주시민교육)에 달려 있다.' 고 해도 지나친 말이 아닐 것이다. 민주시민교육은 시민들이 민주적인 사회생활 또는 정치생활을 하는 데 있어서 방향 감각을 획득하고, 자신의 정체성을 유지하는데 도움을 주는 것이다. 이를 위해서는 어릴 때부터 가정, 학교, 사회 속에서 자연스럽게 일관성 있는 교육을 통해 이루어져야 한다는 면에서 학교에서의 민주시민교육의 중요성을 일깨워주고 있다.

'오늘날 우리나라 청소년들은 지구촌 시대에서 요구하는 세계 민주시민의 자세를 갖고 생활할 수 있도록 교육 받고 있는가?'라는 물음을 제기해 보면, 그 대답은 '아니다'에 더 많은 점수를 주게 된다.

왜냐하면, 우리의 민주시민교육은 학교에서 그다지 체계적으로 이루어지지 못하고 있으며, 실시되더라도, 이론적이고, 형식적인 면에 치우쳐 있다고 보기 때문이다. 뿐만 아니라, 행사 위주의 일회성으로 끝나는 경우가 많고, 학생들의 자발성을 이끌어 내지 못하고, 훈화 및 교화에 치우쳐 있으며, 생활과 괴리되어 실천성이 떨어지고 있다고 보여지기 때문이다.

학교 민주시민교육 담당자로서 청소년기에 하는 공부의 목적을 다른 사람과 사회 및 국제 관계 속에서 찾을 수 있도록 시야를 넓히고, 포용력을 갖고 이웃과 주변을 챙기며 사랑과 평화를 실천하는 사람으로 성장할 수 있길 바라며 민주시민교육을 실시하게 되었다.

특히, 근무하는 학교가 휴전전과 멀리 떨어져 있지 않는 소규모학교로서 2018학년도에 1학년은 자유학년제가 시행됨에 따라 시험 부담에서 벗어나 독서 연계 수업, 토론·논술 수업, 프로젝트 수업 등 학생들이 주도적으로 참여하는 다양한 수업이 가능해지고, 이에 따라 학생 활동 중심 수업과 성장 과정 중심 평가 체제로 바뀌면서 체험과 활동 중심의 민주시민교육 실시를 용이하게 하였다.

우리는 살아가면서 어떤 문제 상황에 처했을 때, 힘이나 폭력으로써가 아니라 상대방의 입장을 들어 주고, 함께 서로의 입장을 조율하면서 좋은 해결 방안을 찾는 태도가 절실히 요구된다. 그런데 이런 태도는 가정, 학교, 사회에서 민주적이고 평화적인 풍토가 조성되어야 가능하다. 따라서 본인은 학생들과 생활하면서 민주시민교육을 실시하여 남을 배려하고, 타인의 입장과 감정을 공감하며 서로 양보하고 협력하여 민주적으로 문제를 해결하는 세계 민주시민의 자세를 기르는 것이 중요하다고 생각한다.

1. 민주시민교육의 개념

넓은 의미에 있어서 민주시민교육은 사회·정치적 질서의 구성원인 모든 사람들에게 여러 다른 집단·조직·제도 및 매체를 통해 정치적으로 영향을 주는 모든 과정을 포괄하는 집합 개념이다.[1]

이 광의의 민주시민교육은 거의 정치사회화의 개념과 같은 것으로 간주할 수 있다. 왜냐하면 좁은 의미의 민주시민교육 개념과 비교해 볼 때, 지향성이나 의도성 혹은 계획성이 상대적으로 약하기 때문이며, 바로 그렇기 때문에 오히려 기능적인 과정으로서 이해할 수 있기 때문이다.

---

1) 김성수외 3인, 학교 내 민주시민교육 활성화 방안, 교육부 정책 연구, 8쪽.

이에 비하여 좁은 의미의 민주시민교육은 청소년이 사회·정치생활의 참여에 필요한 자질을 갖출 수 있도록 하기 위해 의식적으로 계획되고 조직된 교육적 방책, 그리고 지속적이고 목표 지향적인 모든 교육 시설의 조치를 가리키는 집합 명칭이다. 이 좁은 의미의 민주시민교육은 학교에서 특정한 교과(이를테면, 사회과, 도덕·윤리과)의 수업을 통해서 또는 여러 교과에 두루 걸치는 수업원리로서 행해지거나 아니면 지역사회와의 연계 속에서 학교 밖의 제도를 통해 행해질 수 있다.

모든 교육 형식이 그렇듯이, 민주시민교육도 장기적인 안목에서 이루어진다. 민주시민교육을 통해 태도와 행동상의 단기적인 변화를 기대한다면 무리한 일이 될 것이다. 따라서 민주시민교육은 평생교육 또는 평생학습의 요소로 간주해야 하며, 학교교육, 직업교육, 성인교육, 학교 바깥의 청소년교육 등에서 이루어져야 한다.

각 교육시설에서 제공하고 실시하는 민주시민교육의 성격에 관해서는 대체로 다음과 같은 기준이 요구된다.

① 학습·토의·논의의 목표와 대상은 민주시민으로서 갖추어야 할 지식, 기능(技能), 가치·태도와 관련된 것이어야 한다. 좀 더 구체적으로 언급한다면, 민주시민으로서 갖추어야 할 기본예절, 합리적이고 민주적인 정치문화 요소, 사회·정치적으로 중요하거나 현안으로 남아 있는 사태와 문제가 다루어져야 할 것이다. 특히 '정치' 현상에 초점을 맞출 경우에는, 이를테면 정치개념의 세 가지 차원(형식·내용·과정)을 관찰 대상으로 선정할 때 그 준거로 삼을 수 있다.

② 민주시민교육은 정치적 광고 또는 선전이 아니다. 다시 말하면, 그것은 정서적으로 영향을 받은 충성심을 낳거나 강화시켜서는 안 된

다. 기존의 상태에 무비판적으로 순응하거나 그것을 그대로 받아들이는 것은 진정한 의미에 있어서의 교육과 모순된다. 여기서는 특히 특정한 내용 · 교리 · 견해 · 이데올로기 따위를 일방적으로 학습자에게 주입시키려고 하는 교화(敎化, Indoctrination)를 금지해야 한다는 윤리적 과제 혹은 원칙이 중요하다. 또한 베버(M. Weber)가 말한 의미에서 소위 '심정윤리'의 위험성과 한계를 염두에 두는 일이 필요하다.

③ 민주시민교육은 단순히 기능적인 능력 및 자질에 국한하지 않고 그 이상의 무엇을 전달하고자 한다. 민주적인 사회에서는 교육받은 사람이 갖추어야 할 행동잠재력을 얼마나 신장시킬 수 있을 것인가 하는 데 유의해야 한다. 여기에는 특히 상호 인간관계를 맺고 의사소통을 하는 데 필요한 기본적인 예의범절과 덕목, 양면가치와 모호성을 견뎌내면서 살아갈 수 있는 능력, 그리고 해석능력의 신장이 속하며, 이를 통하여 결국 개인적 정체성과 사회적 정체성이 서로 균형관계를 맺을 수 있도록 해야 한다.

④ 교육은 주체성의 확장을 의미한다. 다시 말하면, 개인들은 다른 시각 또는 관점이나 전망을 알게 됨으로써 자신이 갖고 있던 역할, 고정 관념, 상투적인 관념, 편견, 자기중심적 사고를 검토하고, 때에 따라서는 문제시하고 또한 버릴 줄 알아야 한다. 따라서 담론과 의사소통은 교육의 매개체이면서 동시에 절차인 것이다. 사회 · 정치적 논의에 있어서는 언제나 '공공적인 사물 또는 사태'가 주제화된다. 그러므로 의사소통과 담론은 민주시민교육의 진정한 구성요소인 것이다.

'민주시민교육'에 대한 개념 정의의 사례를 보면 다음과 같다.[2]

---

2) 상게논문, 9쪽.

민주시민교육을 ① 정치질서 내지 정치체제의 안정을 유지하기 위하여 국민의 지지를 형성하는 것 ② 정치에 관한 연구와 정치과정의 참여에 필수적인 지식과 기능, 태도를 획득하는 것, 그리고 ③ 국민이 국가의 주권자로서 국가와 지역사회에서 일어나고 있는 정치현상에 관한 객관적 지식을 갖추고, 정치적 상황을 올바로 판단하고, 비판의식을 갖고 정치과정에 참여하여 권리와 의무를 적극적으로 수행하고 책임지는 정치행위가 될 수 있도록 가정 · 학교 · 사회에서 습득하는 모든 과정으로 이해하는 입장이 있다.

또한 민주시민교육의 기본과제와 방향을 논하면서 민주시민교육의 개념을 다음과 같이 정의하기도 한다. 민주시민교육은 민주정치 문화를 형성함과 동시에 자유 민주주의의 발전 및 정착에 기여한다. 교육의 기본과제는 국민이 국가의 주권자임을 인식하고, 국가나 지역 사회에서 일어나고 있는 사회 · 정치 현상에 대한 객관적 지식을 갖추며, 사회 · 정치적 상황을 올바로 판단하고, 비판 의식을 갖고 정치 과정에 참여하며, 권리와 의무를 적극적으로 수행하고, 국민의 사회 · 정치행위에 책임을 지며, 이러한 선진적 · 민주적 의식을 가정 · 학교 · 사회에서 습득하는 모든 교육 · 훈련과 운동을 계획 · 수행하고 통합 · 조정하는 데 있다.

(민주)시민교육과 유사한 용어로서 '정치교육'이 있는데, 우리나라에서는 사회과 교육에 관한 기존연구에서 대개 영어의 'Political Education'을 정치교육으로 직역하여 사용하고 있다.

독일에서 '정치교육'은 사회과(또는 그 일부분인 공민영역)라는 교과를 지칭하기도 하지만, 또한 수업 및 생활원리로서 '(민주)시민교육'이라는 의미로도 사용된다. 그런데 우리나라에서 '정치적인 것'이라고 할 때,

그것은 부분적으로 불신과 남용의 대상으로 사용되는 경향이 있기 때문에 '정치교육'보다는 원만한 어감을 갖는 '민주시민교육'이라는 말이 더 많이 사용되고 있다. 앞으로 이 책에서는 '정치교육', '시민교육'도 '민주시민교육'과 같은 개념으로 사용하도록 한다.

2. 민주시민교육의 목표

시민교육의 목표는 다음과 같이 정의할 수 있다.[3]

1) 주어진 교육과정에 수동적으로 참여하는 것이 아니라, 교육의 장은 시민의 만남의 공간이자 동시에 의사소통의 영역, 그리고 참여의 출발점으로서 자리매김이 되어야 한다. 학교의 문화를 문명화된 시민들의 사회질서로 전환되어야 한다.

2) 시민교육의 가장 중요한 목표는 시민 참여의 기반 확충, 시민 의식화 제도, 즉 시민들의 사적 이해 관심을 공적인 차원에서 재해석할 수 있는 능력의 배양이다. 사적 이익에서 공적 이익으로의 관심을 전환시키도록 해야 한다.

3) 시민교육은 동원의 대상으로서 신민적 존재에서 자신의 삶의 주역이자 주인인 '시민적 주체'로서의 형성을 지향한다.

4) 시민교육이 목표로 하는 인간은 '상업적 시민(buorgeoisie)'이 아니라, '공적 덕성을 가진 시민(citoyen)'으로 변화시키는 것이다. 시민교육은 단순히 시민 '개인'의 변화를 목표로 하지 않고, 시민이 가족 개인에서 '공적 개인(public individual)'으로 무정형의 개인에서 의식적이고 적극적인 집합체로 변신하는 '참여적 시민성(participatory citizenship)'을 형성하는 것을 목표로 한다.

---

3) 심성보외 3인, 도덕교육의 이론과 실제, 원미사, 337쪽.

5) 시민교육은 개인을 참여적 시민성을 형성하도록 해야 한다. 참여적인 민주시민은 민주적 식견을 가춘 사람, 민주주의적 가치에 헌신하는 사람, 민주사회에서 요구하는 제반 과정과 절차에 숙달된 사람, 사회문제에 적극적으로 참여해야 할 책무를 느끼고 실제로 참여하는 사람이다.

이러한 교육의 목표를 구현할 수 있도록 하는 가장 효과적인 방법은 민주시민교육을 학교에서 하는 것이다. 학생들이 한 사회의 시민으로서 남과 더불어 살아가는 지혜와 성숙된 시민의식을 갖도록 하는 것이 중요하다.

경기도교육청에서 펴낸 『민주시민』에서 추구하는 인간상은 다음과 같다.[4]

첫째, 전인적 성장의 기반 위에 인격의 발달과 진로를 개척하는 사람

둘째, 민주시민의 기본적 자질과 소양으로 민주적인 문제 해결을 위해 노력하는 사람

셋째, 문화적 소양과 다원적 가치를 이해하고 모든 사람의 인간다운 삶을 위해 애쓰는 사람

넷째, 세계 시민으로서 나눔과 배려, 소통과 협력의 자세로 인류 공동체에 이바지하는 사람

경기도교육청은 중학교 『민주시민』의 교육목표를 다음과 같이 제시하고 있다.[5]

가. 성숙한 자아의식을 기초로 다양한 사회 인식을 통하여 지식과 기능, 가치와 태도를 익히고 시민으로서의 역량과 태도를 갖춘다.

나. 학습과 일상생활에서 새로운 가치를 이해하고 창출할 수 있는 비판

---

4) 경기도교육청, 더불어 사는 민주시민 교사용 지도서, 8쪽.
5) 상게서, 8쪽.

적 사고와 창의적인 문제 해결력을 갖도록 한다.

다. 함께 사는 이웃, 지역 사회, 우리나라, 나아가 세계에서 일어나고 있
　는 여러 가지 일에 대하여 관심을 갖고 참여하는 자세를 지니도록
　한다.

라. 사회적 관심과 참여를 통해 민주주의의 가치를 우리 삶에서 실현할
　수 있도록 민주시민으로서의 권리와 의무를 이행한다.

마. 세계 변화의 흐름을 이해하고 변혁과 시대정신에 맞는 세계 시민의
　자질과 태도를 갖춘다.

3. 민주시민교육의 내용

시민교육의 내용은 세 가지 영역으로 구분할 수 있다. [6]

영역	내용
지식	민주주의와 자율성, 협동과 갈등, 평등과 다양성, 공정성·정의·법의 규칙, 법과 인권, 자유와 질서, 개인과 공동체, 권력과 권위, 권리와 책임 등에 대한 지식은 시민성의 핵심적 내용에 속한다. 인간의 같음과 다름, 사회적 정치적 삶의 가치, 민주주의의 제도와 법률에 대한 이해, 민주적 가치와 공동체의 본질, 인권헌장과 이슈, 다양성과 사회적 갈등의 본질, 민주주의의 제반 과정과 절차에 대한 이해, 생산자와 소비자, 비고용인과 고용인, 가족과 공동체 구성원으로서의 시민의 권리와 책임, 개인과 공동체에 동시적으로 관련된 경제체제, 전통문화와 민주주의, 정보화·지방화 및 국제화에 대한 지식, 남북한 관계와 통일에 대한 대비, 국제 관계에 대한 지식, 도덕적 규범에 대한 이해, 지속가능한 개발과 환경 남용, 인종차별과 종족주의, 사회적 불평등과 가난, 부랑자의 문제, 폭력과 범죄에 대한 이해

---

6) 심성보외 3인, 전게서, 원미사, 338쪽.

기술과 능력	지적 기술(논리력과 연구능력, 말로나 글로서 근거를 가진 논박을 할 수 있는 능력, 판단하는 능력, 편견과 차별을 인식하는 능력), 의사소통 기술(대화능력, 타인의 관점을 소중히 여기고 배려하는 능력, 타인의 관점을 용인하는 능력, 조정을 하고 설득할 수 있는 능력), 수량적 사고 능력, 문제해결력(문제해결 개발능력), 사회적 기술(타인과 효과적으로 작업할 수 있는 능력, 차이를 인정하고 수용하는 능력, 적극적이고 비억압적인 인간관계를 확립할 수 있는 능력, 갈등을 비폭력적 평화적으로 해결할 수 있는 능력, 책임지는 능력, 양보하는 능력, 결정에 참여하는 능력), 정보매체 사용능력과 비판적으로 자료를 수집할 수 있는 능력(신선한 자료를 찾기에 앞서 비판적으로 증거를 분석할 수 있는 능력), 정치적 사회적 도덕적 도전과 상황을 명료화하고 대응할 수 있는 능력
태도와 성향, 참여	공동선에 대한 관심, 인간의 존엄성과 평등에 대한 믿음, 갈등 해결에 대한 관심, 상호존중, 타인과 함께 해결하는 공감적 이해, 관용의 실천, 이타적 마음태도를 가지는 노력, 도덕적 규범에 의한 실천, 관점을 변호할 용기, 공정하게 행동할 자세, 근거와 증거 그리고 논의를 통해 자신의 견해를 수정할 용기, 예의와 법의 준수, 사회 문제와 환경 문제에 대한 관심을 보임, 자발적 봉사활동, 정치 현안에의 능동적인 참여, 무임승차 의식 극복, 내 가족 중심적 태도 극복, 공공적 사안에 대한 관심

4. 민주시민교육의 수업 방법

시민교육은 시민이 자신이 살아가고 있는 현실에 대한 통찰력을 얻으며, 스스로에 대한 믿음을 키우고, 그것에 기초하여 실천 활동을 시작하는 것을 목표로 해야 할 것이다. 이러한 목표를 성취하기 위한 방법으로 새로운 수업모형이 모색되어야 한다.[7]

1) 시민으로서 정체성을 확립하려면 존재에 대한 질문을 제기하는 것이 중요하다. 즉 '나는 누구인가?', '누가 어디에서 이러한 일을 결정하는가?' 등으로 '시민으로서', '나 자신의 삶과 어떻게 관련되어 있는가?'라는 질문에서 출발해야 한다.(김동춘, 2000) 그리고 스스로에 대한 믿음을 키우기 위해서는 불확실한 상황에 대처하기 위한 방법을 배우고, 모두가 스스로를 변화시키고 상황을 바꿀 수 있는 잠재력을 갖고 있음을 분명하게 해야 한다.

2) 학습자의 삶의 현장에서 나온 '실제적인 욕구'를 파악하여야 하며, 그 출발점은 학습자의 선행 경험 및 교육 수준을 고려해야 한다. 학습자의 실제 경험과 관련된 교육이어야 한다. 교육이 현실과 지나치게 유리될 경우 참가자의 흥미를 유발할 수 없고, 그러한 교육은 실패할 수밖에 없다. 시민교육이 공교육에 대한 효과적인 대안이 되기 위해서는 일상 현실을 맥락화하고 공동으로 해석하고 의사소통을 해야 한다.

3) 공공의 문제에 대한 참여는 단순히 명령에 의해 이루어지는 것이 아니라, 숙고(심의)와 토의를 통해 이루어지는 것이다. 시민사회의 필수적 요소는 심의민주주의 구현이다. 갈등하는 이익들이 자신의 선호에서 사회적 선호로 발전되기 위해서 토론과 심의를 통하여 공동

7) 상게서, 341쪽.

체가 추구해야 할 공공선을 형성하려는 '토론 광장'의 공간을 마련해야 한다. 기본적으로 남이 나와 다를 수 있다는 차이를 인정하고 수용하려는 다원주의적 가치가 형성되어야 한다. 에티켓 사회, 관용의 문화, 차이를 인정하고 수용하는 정치가 정착되어 있지 않은 사회에서 대화, 토론, 심의를 통해 공적 문제에 관한 합의를 이루어 내려는 심의 민주주의의 토양은 척박할 수밖에 없다.

4) 교육방식에 있어 지성(비판력, 논리력 등)과 감성(타인의 고통에 대한 연민과 공감, 함께하는 심리적 분위기, 마음 다스리기 등)이 적절하게 균형을 이루어야 한다. 학습과정 자체가 마음과 몸이 함께 하는 공동체적 과정이 되도록 해야 한다.

5) 학습자로 하여금 민주적 가치와 태도를 함양하도록 학교가 실천적 노력을 하고, 타인과 함께 하는 상호의존적인 경험을 갖도록 하며, 평등과 사회정의에 대해 공부하도록 고무하고, 공공의 문제에 대해 토의하고 논의하고 행동하도록 하며, 학생들이 살고 있는 사회적 현실을 비판적으로 검토하고 평가하도록 한다.(Sehr, 1997)

6) 교육자와 피교육자와의 관계를 기존의 수직적인 아닌 수평적인 관계를 형성하여 민주적 시민교육에 적절한 방법을 공동으로 개발하도록 노력한다.

7) 기존 교육 방법을 탈피하여 대화, 토론, 심의, 탐구학습, 구성주의 방법, 서사적 대화, 협동학습, 모의재판, 역할놀이, 사회심리드라마, 시뮬레이션, 공식적인 토론 진행의 연습, 지역봉사활동 프로젝트 강좌, 매체를 통한 교육, 직접적 실천, 체험학습, 자원봉사교육, 교육 강좌 개설 등을 통해 배워서 이해하고 소화하여 실습하는 과정을 거치도

록 해야 한다. 피교육자들이 스스로 학습 환경에 적극 참여하여 문제를 자주적으로 해결하는 경험을 갖게 해야 한다. 소극적 학습방식에서 적극적 학습방식으로 전환시킨다. 그러나 이 모든 과정은 교사의 철저한 준비와 지도가 선행되어야 한다.

2018년 6.13 지방 선거를 앞두고, 의무투표제 실시 여부에 대한 패널 원탁 토론을 한 뒤 학생이 토론을 하면서 변화된 자신의 입장을 쓰고 발표하는 시간을 가졌다. 이와 같이 민주시민교육은 사회 현황에 접근하여 학생들이 문제 상황에 대해 고민하고 함께 해결 방안을 찾아보는 것이 필요하다.

2장 월별 중점 교육을 통한 민주시민교육

2018학년도에는 매월 월별 중점 교육을 설정하여 민주시민교육을 실시하였다. 월별 중점 과제는 전교사가 모여 여러 차례 협의를 거쳐 학교 비전과 교육 지표를 실현할 수 있는 덕목을 뽑아서 만들었으며, 교과 및 창의적 체험활동 시간을 통해 교육과정 내 구현될 수 있도록 추진하였다.

월	중점 교육활동명	추진 과제
3	공동체교육의 달	존중과 배려를 통한 공동체성 키우기
4	독서교육의 달	독서 · 토론 · 글쓰기 교육을 통한 자기 생각 키우기
5	감사교육의 달	감사의 마음 주고 받기를 통한 인성 함양
6	민주시민교육의 달	민주시민교육을 통한 민주시민 자질 함양
7	진로교육의 달	꿈 실현을 위한 맞춤형 진로교육

8	봉사와 나눔의 달	봉사와 나눔을 통한 인성교육 함양
9	평화·통일교육의 달	평화·통일교육으로 평화통일의식 함양하기
10	'꿈·끼'교육의 달	'꿈·끼'교육으로 자신의 진로 탐색하기
11	행복교육의 달	'행복교육'으로 더불어 행복한 삶 살아가기
12	봉사와 나눔의 달	봉사와 나눔으로 이웃과 행복 플러스하기

〈월별 중점 과제〉

3월은 공동체교육의 달로 입학식 때 학생, 학부모, 교직원 대상으로 부서별 오리엔테이션을 실시하였다. 오리엔테이션을 통해 학교 교육 비전 및 교육 지표를 공유하였다. 학생들은 3월 첫 주를 '반갑다, 친구야!'와 같은 적응 프로그램을 통해 선배 및 동급생과 소통하고, 담임교사와 함께 집단 상담으로 서로의 마음을 여는 시간을 가졌다. 교사들은 3월 이전 새 학년도를 준비하면서 학교공동체의 약속 정하기로 교사들이 실천할 사항을 협의하여 정하였으며, 학생들은 3월 초 학급회의 및 학생자치회 협의 시간를 거쳐 학생들의 약속을 정하였다. 학부모들도 3월 학부모 협의회를 통해 학부모들이 실천할 사항을 모아 학부모들의 약속을 설정하였다. 교사, 학부모, 학생들의 약속 사항은 게시판에 정리하여 계단 벽에 부착하여 오가며 수시로 볼 수 있도록 하였다. 그리고 교육과정 내 봉사활동을 인근 장애인 거주시설과 연계하여 운영할 수 있도록 계획을 세웠으며, 본교와 업무나 봉사 활동면에서 서로 협력해 나갈 것을 약속하는 MOU 체결을 하였다. 이러한 봉사활동은 2019년에도 이어지고 있다.

4월은 독서교육의 달로 세계 책의 날을 맞이하여 도서관 주간을 운영하였으며, 학생들이 중학교 3년 동안 100권 읽기 목표치를 설정하고, 연간 33권 이상을 읽도록 권장하였다. 그리고 매월 말에 가장 책을 많이 읽은 친구들한테 '도전! 독서왕' 시상을 하였다. 학생들에게 책 읽는 습관을 정착시키기 위해 책을 읽고 서로 읽은 내용을 공유할 수 있도록 '책 읽고 한 줄 소감 쓰기' 행사도 실시하였다.

5월 감사교육의 달은 도덕 교과 시간을 이용하여 어버이 날, 스승의 날, 가정의 날을 맞이하여 부모님, 선생님, 친구 등과 감사 편지 주고받기, 부모님 안마해 드리기 등 감사 표현 장면 인증샷 올리기를 하여 참여자에 한해서 선물을 증정하였다. 그리고 미술 시간에는 감사의 마음을 담아 감사 뱃지를 만들어 평소 고마웠던 분들께 드렸다.

6월 민주시민교육의 달은 지방선거일(6.13)을 맞이하여 사회 시간에 지방선거 후보자 매니페스토를 점검하고, 지역문제 해결 공약 만들기를 하였으며, 도덕 시간에 선거관련 토론 활동(의무투표제)을 실시하였다. 또한 기술·가정 시간에 학교 내외 기술적 문제 해결하기 수행평가를 실시하였다. 이밖에도 사회, 도덕 시간을 활용하여 역사적 사건에 관심 갖고 참여하기 일환으로 위안부 문제, 6월 민주항쟁을 교과 시간에 다루었으며, 위안부 관련 교육의 일환으로 창의적 체험활동 시간에 전교생을 대상으로 강연을 들었다. 그리고 미술 시간에 위안부 강연과 관련하여 위안부 뱃지를 만들어 학생들과 함께 11월 대학가 희망시장에서 프리마켓 시민 작가로 작품을 판매하기도 하였다.

7월 진로교육의 달은 자유학년제 진로체험활동으로 전교생이 현대모터 스튜디오, 아시아 출판문화 정보센터를 방문하였으며, 또 하나의 가족별 진로체험의 날에는 14개 가족별 학생들의 진로를 찾아 진로체험활동을 실시 후, 진로체험활동 보고서나 나의 꿈 관련 인터뷰를 작성했다. 여름방학을 앞두고, 1학기를 마무리하며 1박 2일 진로캠프를 실시하여 또 하나의 가족별 요리대회, 진로 및 인문학 특강, 진로 관련 글쓰기, 모형 자동차 만들기 등의 프로그램을 실시하였다. 이밖에도 7월 3~4일은 전학년 대상으로 진로 연계 자유학년제 체험활동을 서대문 형무소, 윤동주 박물관 등 수도권 일대로 1박 2일 다녀왔다.

8월 봉사와 나눔의 달은 토요일을 이용하여 장애인 시설에 거주하는 분들과 함께 바닷가 나들이 봉사활동을 실시하였으며, 1학기 동안 학교 생태교육 체험장인 텃밭에서 가꾼 토마토, 오이, 고추, 감자 등의 수확물을 인근의 장애인 시설과 나누는 봉사활동을 전개하였다. 그리고 여름 방학을 맞이하여 인근 초등학교 돌봄 교실 자원봉사 활동 및 장애 시설에서의 자율봉사활동을 실시했다.

9월 평화·통일교육의 달은 1학기 동안의 텃밭을 정리하고, 연말의 김장 나누기 활동에 대비하여 배추나 무 등을 학교 텃밭에 심으로써 생태교육을 통한 평화감수성 키우기를 하고, 도덕 시간의 평화 통일을 위한 우리의 약속 만들기, 역사 시간의 파주 평화 · 통일의 길 만들기 프로젝트 등 교과 연계 평화 · 통일교육을 실시하였다.

10월 '꿈·끼'교육의 달은 10월 중순 학교 축제를 기해 '나의 꿈' 시 쓰기를 하여 학생, 교사의 시화전 전시를 하고, 9월 인근 초등학교와 공동 진로 체험의 날에 실시한 '나의 꿈 발표대회'때 만든 학생들의 작품을 전시하여 진로 찾기 활동을 실시하였다. 이밖에도 축제 때 비즈쿨 동아리 담당 선생님들이 창업 정신을 체험할 수 있도록 동아리 부스를 운영하였다.

11월 행복교육의 달은 도덕 교과 시간에 행복 선언문 작성, 행복 플러스-행복 버킷리스트 실천하기, 나의 행복 지수 알아보기를 하였으며, 미술 시간에 미래 자신의 행복한 모습을 그림이나 글로 표현하기를 하였다. 그리고 스스로 찾아 가는 교과 및 진로 연계 자유학기 활동으로 지리산 및 순천항만 등을 탐방하는 시간을 가졌다.

12월 중점교육활동은 봉사와 나눔의 달로 '봉사와 나눔으로 이웃과 행복 플러스하기'를 목표로 한 해를 마무리하면서 가까운 가족이나 고마운 분들한테 감사카드로 고마움 표현하기, 장애 시설 거주인과 함께하는 영화관람 나들이, 생태교육장에서 거둔 배추와 무로 만든 김장 김치를 어려운 이웃에 전달하기, 장애시설 거주인과들과 창의적 체험활동 봉사 시간에 만든 천연 수제 비누 이웃에 전달하기, 또 하나의 가족별 진로 및 문화예술 체험활동 등을 실시하였다.

교과나 창의적 체험활동과 연계하여 실시한 중점교육 활동은 매월 초 현수막을 학교 정문에 게시함으로써, 학생들한테 이번 달의 주요 교육활동을 미리 인지하게 하였다. 현수막에는 중점교육 활동명, 실천과제, 세부 실천 항목을 제시하였는데, 이는 학생들이 교과 시간이나 학교 행사에서 목표의식을 갖고 주도적으로 참여하게 하는 긍정적인 면이 많았다.

월별 중점교육활동이 성공적으로 학생들한테 투입되기 위해서는 학년 말에 교육공동체가 함께 학교 비전 및 학교 지표를 설정하고, 거기에 따른 중점과제를 이끌어 내고, 세부 실천 사항을 충분히 협의하여 교육과정 내에 반영하는 시간을 갖는 것이 중요하다.

민주시민교육 정착을 위해서는 전체 교육과정 속에서 월별 중점 과제를 설정하고, 전교사의 협조 하에 실시하는 것이 바람직하지만, 이것이 어려울 경우, 학년 차원, 혹은 학급 차원에서 주요 중점 과제를 설정하여 실시하는 것도 좋다.

실제로 2018학년도에 본인이 맡아 추진한 월별 중점 교육을 통한 민주시민교육이 좋은 성과를 거둔 것은 모든 선생님들의 협조와 노고가 있었기 때문에 가능했다.

3장 월별 계기 교육을 통한 민주시민교육

국경일이나 국가 기념일에 즈음하여 계기 교육을 함으로써 민주시민교육을 실시할 수 있다. 학교에서 계기 교육 담당자가 할 수도 있지만, 학년 초 계획에 따라 관련 교과에서 융합 수업으로 하면 효과가 더 크다고 하겠다. 중학교에서 교과와 관련하여 민주시민교육을 지도할 필요가 있다고 생각되는 국경일이나 국가 기념일을 정리해 보면 다음과 같다.

날짜	국경일/ 국가 기념일	주요 내용	관련 교과
3.1	3·1절	• 의미 및 의의, 전개과정 • 독립선언문에 담긴 의미, 3·1절 노래의 의미	도덕, 역사, 음악
4.3	4·3 희생자 추념일	• 4·3 희생자 추념일의 발생 원인 • 4·3 희생자 추념일의 의의	역사
4.13	대한민국 임시정부 수립 기념일	• 임시 정부의 유래와 의의 • 임시정부 수립과 발전과정 • 민족 독립을 위해 애쓰신 분들 조사	역사, 도덕
4.16	세월호 추모일	• 세월호 추모 행사 • 세월호에 대한 우리의 자세	도덕, 국어
4.19	4·19 혁명 기념일	• 선거와 민주주의 • 시민의 자발적 참여 • 4·19 혁명의 유래, 전개과정, 의의	역사, 도덕
4.20	장애인의 날	• 장애인의 날의 유래 • 장애를 이긴 인물들 • 장애인의 인권 • 장애인에 대한 에티켓	도덕
4.25	법의 날	• 법의 의미 • 법의 날 유래와 변천 • 일상생활 속의 법 • 법과 인권 • 법과 정의	사회, 도덕
5.1	근로자의 날	• 근로자의 날 유래와 변천 • 근로자의 의미와 근로의 의미 • 삶의 질과 일의 의미 • 미래 사회의 직업 및 직업윤리	사회, 도덕

5.5	어린이날	• 어린이 날의 유래 및 의의 • 어린이 인권	역사, 도덕
5.8	어버이의 날	• 어버이 날 제정 이유와 유래 • 효도와 경로의 의미와 실천 자세 • 현대사회에서의 올바른 가족 윤리	도덕, 국어
5.15	스승의 날	• 스승의 날 유래와 의미 • 세계 각국의 스승의 날 • 올바른 선생님과 제자의 관계	도덕, 사회
5.18	5·18 민주화 운동 기념일	• 5·18 민주화운동 기념일 제정 이유 • 5·18 민주화운동 배경과 전개과정 • 민주주의와 시민 참여의 자세 • 5·18 관련 영화 시청 후, 소감나누기 및 토론	역사, 도덕
6.5	환경의 날	• 환경의 날 유래 • 세계 환경의 날 • 인간과 자연의 관계 • 환경 문제와 지속가능한 발전 • 환경 보호를 위한 다양한 노력	과학, 도덕
6.6	현충일	• 현충일의 유래 및 의의 • 순국 선열의 의미 • 나라 사랑의 자세	도덕, 역사
6.10	6·10 민주 항쟁일	• 6·10 민주항쟁 전개과정과 정치 발전 • 6·10 민주항쟁의 유래 및 의의 • 6·10 민주항쟁 관련 영화 시청 후 소감나누기 및 토론	역사, 도덕
6.25	6·25 전쟁일	• 6·25 전쟁의 원인과 전개과정 • 6·25 전쟁 결과와 영향 • 평화 통일의 중요성	역사, 도덕

7.17	제헌절	• 제헌절의 유래, 의의 • 제헌 헌법의 제정 과정 • 제헌절의 의의 • 헌법과 인권의 관계 • 헌법 존중의 태도	사회, 도덕
8.15	광복절	• 광복절의 의의 • 통일 한국과 우리나라의 역할	역사, 도덕
10.3	개천절	• 개천절의 유래 및 의의 • 우리 나라 상징물	역사, 도덕
10.9	한글날	• 올바른 국어 사용 방법 • 한글 사랑의 자세	국어, 도덕
11.3	학생독립 운동 기념일	• 학생독립운동기념일의 의미, 유래, 의의 • 학생의 역할과 자세	역사, 도덕

〈월별 계기 교육 내용〉

월별 계기 교육은 계기 교육을 하고자 하는 날의 의미를 되새길 수 있는 관련 시나 전기문, 소설 일부, 영화 등 다양한 교육 자료나 매체를 활용하면 효과적이다. 월별 계기 교육 방법에 대해 몇 가지 예를 들면 다음과 같다.

국경일/ 국가 기념일	교육 방법
3·1절	• 한용운의 '님의 침묵' 시를 읽고, 조국에 대해 생각해 보거나 글로 정리하여 자기 생각 발표하기 • 유관순 열사 관련 영화 시청 후 조국의 의미 및 소감 나누기

어버이의 날	• 효도권을 활용하여 부모님께 효도 실천하기 • 부모님께 감사의 편지쓰기 • '효'와 관련된 이야기 공유하고 소감 나누기
스승의 날	• 선생님께 감사의 편지쓰기 • 선생님 관련 시 낭송하기 • 선생님에 대한 시 써 보기
개천절	• 태극기를 그리고 의미 파악 하기 • 우리 나라 상징물 그려 보고 발표해 보기 • 우리 나라의 기원 마인드맵 활동
한글날	• 올바른 국어 사용 방법 조사 및 토의하여 발표하기 • 한글 사랑 ○, × 퀴즈 • 한글 사랑 도전 골든벨

위와 같은 월별 계기 교육은 학기 초에 교육과정 재구성을 거쳐 평가계획에 반영하여 관련 교과 시간에 지도하고 수행 평가나 지필 평가를 실시하면 그 교육적 효과가 더 클 수 있다. 우리 학교는 2019년에 인성교육 계획에 반영하여 실시하고 있다.

국가기념일 계기교육 사례

"6월 중점 교육의 달"(6월 민주항쟁)

『도덕』 & 『민주시민』

6월 민주항쟁 토의 활동 자료

학년   반   이름 (   )

◎ 토의 주제 : 6월 민주항쟁이 오늘날 주는 의미는 무엇인가?

◎ 6월 민주항쟁이란? (동영상 시청에 대한 소감)

https://www.youtube.com/watch?v=SjfGcl772hc&feature=youtu.be

- 6월 민주항쟁 30주년 기념 영상(청소년용)

....

....

....

....

◎ 생각열기 ▶ 우리는 어떤 세상을 만들고 싶을까?

> 황지우 시인의 시 '새들도 세상을 뜨는구나'는 1980년대의 암울한 독재 상황과 그 상황에서 '애국'을 강요받고 현실에 좌절할 수밖에 없었던 사람들의 일상을 다루고 있습니다.
>
>
> 새들도 세상을 뜨는구나
>
> 황지우
>
> 영화가 시작하기 전에 우리는 /
>
> 일제히 일어나 애국가를 경청한다.
>
> 삼천리 화려 강산의 / 을숙도에서 일정한 군(群)을 이루며 /

갈대 숲을 이룩하는 흰 새떼들이 자기들끼리 끼룩거리면서 /

자기들끼리 낄낄대면서 / 일렬 이열 삼렬 횡대로 자기들의 세상을

이 세상에서 떼어 메고 / 이 세상 밖 어디론가 날아간다.

우리도 우리들끼리 / 낄낄대면서 / 깔쭉대면서

우리의 대열을 이루며 / 한 세상 떼어 메고 /

이 세상 밖 어디론가 날아갔으면 하는데 대한 사람 대한으로 /

길이 보전하세로 / 각각 자기 자리에 앉는다. / 주저앉는다.

◎ 자료1. 민주헌법쟁취국민운동본부(국본) 결의문
 – 이해를 돕기 위해 현대식으로 윤문함

아래는 민주헌법쟁취국민운동본부의 결의문입니다. 오늘날의 상황과 비교해보면서 우리 사회가 이뤄낸 성과와 아직 남아있는 과제 등을 구분하여 표시해 봅시다.

1. 4월 13일 전두환 정권이 독재 헌법을 옹호한 것은 우리나라의 건국 정신과 국민의 요청인 민주화를 부정하는 것이기에 무효이다. 이를 위해 민주헌법을 만들기 위한 국민행동을 전개한다.

2. 국민의 기본권을 철저히 억압하고 있는 집회와 시위와 관한 법률, 언론기본법, 형법, 국가보안법의 일부 조항, 노동법을 개정하고 무효화하는 운동을 전개 한다.

3. 정권이 저지른 5.18민주화운동, 박종철 사망 사건, 부천 경찰서 성고문 사건 그리고 장영자 금융사기사건, 범양상선 부정사건과 같은 권력부패 사건, 진상조작사건 등 국민의 생명과 재산을 유린한 수

많은 범죄의 진상규명 국민운동을 벌인다.

4. 도덕적 법률적으로 정당성이 없는 민주인사에 대한 연금, 구속, 공민권 박탈 등을 단호히 거부하고 석방, 복권을 위한 범국민운동을 전개한다.

5. 국민들의 생존권과 경제활동 및 생활권을 박탈하는 모든 탄압정치를 중단하고 독가스탄 발사와 폭력행정을 즉각 멈출 것을 요구하며, 더 이상의 행정폭력은 국민의 저항을 불러일으킬 것임을 경고한다.

6. 국영, 관영 방송의 잘못된 선전은 언론을 고문하는 행위이며 진실과 자유의 적으로 규정한다. 그리고 양심적 언론인의 궐기를 적극 지지하며, 독재정권의 위협과 회유에 길들여진 언론인의 깊은 반성을 촉구한다. 이를 위하여 시청료 거부운동, 특정 신문과 신

문인 규탄운동과 같은 자유언론 쟁취를 위한 국민운동을 계속한다.

7. 공무원과 군대가 정치에 개입하여 민주국가를 파괴하고 정권의 앞잡이가 되는 것은 국민적 경멸과 저항을 일으킬 것이다. 공무원과 군의 자율적 명예회복운동을 촉구한다.

8. 국민과 시대의 역사적 요청은 민주화와 통일을 요구한다, 이는 군사독재정권이 물러나고 민주 민간정부가 수립되어야 가능하므로 이를 기필코 성공시킬 것을 다짐한다.

1987. 5. 27.

◎ 자료2. 1987년 6월 민주항쟁과 오늘의 우리

　30년 전 6월 민주항쟁 이후 대한민국 사회는 많은 변화를 겪었다. 이제 군사독재식의 강압적인 통치 방식은 시민 대다수의 외면을 받게 되었다.

　6월 민주항쟁의 성과를 받아들인 6·29선언에는 그러한 성과들이 반영되어 있다. '체육관 대통령'을 대신하여 시민이 직접 대통령을 직접 선출하는 '직선제'가 마련되자 시민들의 정치 참여를 확대하기 위하여 지방자치제를 단계적으로 실시하였다. 또한 독재를 막기 위하여 대통령의 임기는 5년간 한 차례만 하는 5년 단임제로 결정되었으며 헌법 정신으로 대통령의 권력을 견제하기 위하여 헌법재판소가 탄생하였다. 헌법재판소는 대통령의 탄핵을 심판할 권리까지 갖추게 되었다. 곧 6월 민주항쟁으로 우리는 대통령을 직접 선출하고 정치에 참여하며 제왕적 대통령을 견제할 수 있는 장치를 갖추게 된 것이다.

　언론 또한 마찬가지였다. 그간 기존의 언론은 시민들로부터 믿음을 잃고 있었다. 5·18민주화운동을 제대로 보도하지 않았으며 전두환 대통령의 소식을 제일 먼저 전하는 등 권력에 순응적인 자세를 보였기 때문이다. 권력으로부터 자유로운 언론이 되기 위하여 기자들은 노력하였다. 기자들은 노동조합을 만들어 권력에 대항하려 하였다. 몇몇 기자들은 언론사를 새로 만들었다. 언론을 몇몇 사람의 손에 두는 것이 아니라 많은 사람들이 주식 형태로 소유하게 함으로써 권력이나 돈에 의해 언론이 좌지우지되는 것을 막으려 하였다. 언론을 시민의 손에 맡기려 노력한 것이다.

6월 민주항쟁 이후로 금지곡도 풀리기 시작했다. 시위 현장에서 자주 불리는 <아침이슬>이 금지곡에서 풀린 때는 6월 민주항쟁의 승리를 알리는 6·29선언 직후였다. 1987년 8월 문화공보부의 <가요금지곡 해금지침>에 따라 <동백 아가씨> 등 다른 185곡과 함께 금지곡에서 해제되었다. 6월 민주항쟁 이후 문화적으로도 자유를 누리게 되었다.

그럼에도 6월 민주항쟁 이후에도 과제 또한 여전히 남아있다. 몇 년전 권력자들이 문화계에서 블랙리스트를 관리하여 자신들의 입맛에 따라 문화계 인사들을 길들이려 했다는 점은 6월 민주항쟁 이전의 금지곡을 떠올리게 한다. 또한 요근래 공중파 뉴스 시청률보다 다른 언론의 뉴스 시청률이 더 높다는 것과 공무원들이 권력자들의 비리에 협조하여 수사를 받는 사건 등은 우리가 참여하지 않으면 언제든 민주주의는 퇴행할 수 있다는 것을 보여주는 대표적인 사례이다.

◎ 생각 마무리 ▶ 6월 민주 항쟁이 오늘날 우리에게 갖는 의미를 이 야기해 봅시다.

▶ 우리의 삶을 변화시키기 위한 법안을 제안해 봅시다.

위 활동자료는 '민주화운동기념사업회'의 홈페이지에 탑재된 계기교육 자료를 참고하여 2018년 6월 중점교육활동 일환으로 도덕 시간에 실시한 6월 민주항쟁 계기교육 자료이다. 교과 시간에 이러한 계기교육을 실시 한 후에 학년이나 반별로 주제별 체험학습을 갈 때, '서울 시티 투어'를 학생들과 하면서 참여적 민주시민을 기르기 위해서 서울시교육청에서 실시하는 '6월 민주항쟁 가치를 찾아 떠나는 명동길-민주야 탐방 가자!'라는 프로그램에 참여하여 6월 민주항쟁의 발자취를 찾아보는 것도 의미 있다고 하겠다. 이러한 체험활동 시 '서대문 형무소', '윤동주 박물관' 같은 역사적 장소를 같이 넣어서 학생들과 견학하면 더욱 좋을 것이다.

PART 2
평화교육을 지향하며

II 평화 교육을 지향하며

1장 평화 교육은 왜 중요한가?

요즘 문재인 정부가 들어서고 한반도는 평화 무드로 나아가고 있다. 2018년 4월 27일 1차 남북정상회담 후, 판문점 선언 발표, 5월 25일 2차 남북정상회담을 통한 4.27 '판문점선언'의 조속한 이행 약속, 정상회담 정례화 · 수시화를 향한 실천적 행보 제시, 9월 18일의 3차 남북정상회담의 평양공동선언문 발표, 2019년 6월 판문점에서의 북미정상회동 추진 등 한반도의 비핵화를 위해 공동 노력을 강구하고 있다.

판문점선언은 △남북관계의 전면적 · 획기적 발전 △군사적 긴장완화와 상호 불가침 합의 △한반도의 완전한 비핵화 및 평화체제 구축의 내용을 담고 있으며, 평양공동선언문은 군사적 적대 관계 종식, 남북 경제 협력, 이산가족 상설면회소 개소, 10월 중 평양예술단 서울 공연, 2032년 하계 올림픽 남북 공동 개최 유치 협력, 3 · 1운동 100주년 공동 기념행사 등이 포함되어 있다.

학교 현장에서 교과서 중심의 평화 통일 교육은 이러한 시대적 상황을 반영하지 못하고 뒤떨어질 수밖에 없다. 그래서 남북 관계나 통일 관련 내용을 다루는 교과는 현 한반도 정세와 국제적 양상을 담아 낼 수 있는 교육이 필요하다는 측면에서 학교에서의 평화 교육의 방향에 대해 살펴보고자 한다.

1. 평화의 정의

평화교육은 1950년대, 노르웨이 평화학자 요한 갈퉁(Johan Galtung)에 의해 알려지기 시작했다. 그 당시 평화에 대한 개념은 직접적인 폭력에만 중점을 두고 있었는데, 갈퉁은 소극적 평화(negative peace), 적극적 평화 (positive peace)의 개념으로 평화의 의미를 확대시켰다.[8] 요한 갈퉁의 입장에서 평화의 의미를 정리하면 다음과 같다.

1) 소극적 평화 : 전쟁, 테러, 폭행, 싸움, 협박, 언어폭력 등 때리거나 다치게 하는 것과 같이 눈에 보이는 폭력, 즉 직접적 폭력이 없는 상태, 체계화된 집단적 폭력이 없는 상태

2) 적극적 평화 : 가난, 차별, 억압, 환경 파괴 등과 같이 눈에 잘 보이지 않는 폭력, 즉 간접적 폭력이 없는 상태, 체계화된 집단적 폭력이 없는 상태를 넘어서 사람들 간의 협력, 통합, 조화, 회복, 정의가 실현된 상태

최근에는 '소극적 · 직접적'인 평화의 개념에서 '적극적 · 간접적 · 구조적 · 문화적'인 것으로 확대되고 있다.[9]

사회는 인간 행동을 규제하는 법을 통해 구성원들에게 평화를 제공한다. 지구 차원에서 평화는 각국 정부가 타국의 주권을 존중하며 갈등을 해결하기 위해 무력 이외의 다른 수단을 사용하는 것을 의미한다.

국가 차원에서 평화는 법과 질서, 자기통제, 타인존중, 인권보장을 의미한다. 문화 차원에서는 예술가들이 매스미디어와 연예산업을 통해 전파되는 폭력적 이미지에 대항하기 위해 평화적 이미지를 창조한다. 제도적 차

---

8) 허승환 · 이보라, 교실 속 평화 놀이, 즐거운 학교, 2017, 16~17쪽.
9) 현은자외, 그림책을 활용한 세계시민교육, 학지사, 2013. 205쪽.

원에서는 행정가들이 갈등을 해결하기 위해 조직발전 기법을 사용한다. 대인관계 수준에서는 개인들이 협상을 통해 갈등을 해결하는 것을 배운다. 개인 정신 수준에서 평화는 평온과 정신적 유대를 의미한다.[10]

2. 평화 교육의 의미

이언 M. 해리스(Ian Harris)에 의하면 평화교육은 오늘날 하나의 철학이자 동시에 듣기, 성찰, 문제해결, 협력과 갈등해결을 포함하는 기술(skil)을 익히는 과정으로 이해되고 있다. 이 과정에서 사람들에게 안전한 세계를 창조하고 지속가능한 환경을 건설할 기술, 태도, 지식을 제공하게 된다. 이 철학은 비폭력, 사랑, 연민, 모든 생명에 대한 존중을 가르친다. 평화교육은 폭력의 원인을 가르치고 대안적 지식을 제공함으로써 사회를 지배하는 여러 형태의 폭력에 대해 간접적으로 대항한다. 베티 리어던(Betty Reardon)이 지적한 대로 평화교육은 "사회구조와 지배적인 사고양식을 변화시킴으로써" 현재의 인간 조건을 전환시키고자 한다.[11]

경기도교육청이 밝힌 평화교육은 평화 능력 신장과 평화 감수성 교육을 통해 개인, 사회, 국가, 세계, 자연과 조화롭고 가치 있는 관계를 형성할 수 있는 민주시민을 양성하고 더 나아가 한반도와 국제사회의 평화에 기여하기 위한 인재를 양성하기 위한 교육이다.[12]

---

10) 이언 M. 해리스 · 메리L. 모리슨, 평화교육, 오름, 2011. 133쪽.

11) 상게서, 27~28쪽.

12) 경기도교육청, 중학교 교과연계 평화교육 길라잡이, 명성기획, 2014. 8쪽.

3. 평화 교육의 목표

평화교육의 목표는 여러 학자를 통해 다양하게 제시되고 있다. 강순원은 평화교육을 "국제적 수준이든 국내적 수준이든 간에 분쟁과 폭력 시대의 갈등을 비폭력적인 방법으로 해소하는 능력을 배양하기 위한 것으로, 평화교육을 통해 평화적 가치와 태도를 익히고 더 나아가 그것을 일상생활 속에서 변혁의 한 형태로 나타나게 할 수 있도록 하는 교육"으로 보았다. 김동창은 "사회의 직접적 · 구조적 · 문화적 폭력으로 인한 비평화적 상황을 비판적으로 인식할 수 있는 평화적 안목을 기르고, 인류의 보편적 · 당위적 가치로서의 평화를 사랑하는 마음, 즉 평화적 감수성을 배양하며, 현실의 비평화적 상황을 전환할 수 있는 평화 기술의 습득"이라고 정리하고 있다. 김병연은 평화교육의 최종적인 목표를 다음과 같이 세 가지로 압축하여 제시한다. 첫째, 비평화적 현실에 대한 비판의식을 기르고, 둘째, 학생들에게 평화에 대한 감수성을 길러 줄 수 있어야 하며, 셋째, 평화를 실천할 수 있는 능력, 즉 학생들로 하여금 평화로운 행동 양식을 습득하도록 도와주는 것을 목표로 한다.[13]

이처럼 평화교육은 지식을 갖추고 현실을 인식하며, 평화적 가치와 태도, 감수성을 기르고, 평화를 실천하고 행동하는 것으로 까지 나아감을 목표로 하고 있다. 세계시민교육으로서의 평화교육은 아동이 전쟁의 원인이나 현실에 대하여 이해하고 인식하도록 하고, 세계시민으로서 평화의 소중함을 깨닫고 비평화적 상황 속에 있는 타인의 고통을 공감하는 것으로 나아가며, 인간의 기본적인 권리와 행복을 추구하는 능력을 기르고 적극적인 평화를 실현할 수 있도록 하는 것을 목표로 한다. 또한 평화에 대한 지

---

13) 현은자외, 전게서, 210~211쪽.

식을 갖추고, 다른 사람을 이해하고 존중하며, 평화적으로 문제를 해결하는 기술과 태도를 갖도록 한다. 더 나아가서는 국가 간의 갈등, 전쟁, 폭력 등의 위험과 어려움이 있음을 알고 평화를 지키고자 노력하는 태도를 갖도록 하는 것을 목표로 한다. (교육과학기술부, 2008)[14]

4. 평화 교육의 내용

힉스(Hicks)는 평화교육에서 다루어야 할 지식으로 갈등 문제, 평화 문제, 전쟁 문제, 핵 문제, 정의 문제, 권력 문제, 성 문제, 인종 문제, 생태학적 문제, 미래에 관한 문제 등 10가지 주제를 제시하였다.

해리스(Harris)는 평화 개념의 풍부함을 파악하기, 공포를 다루기, 안보에 관한 정보를 제공하기, 전쟁 행위를 이해하기, 문화 간 이해를 증진하기, 미래지향성을 갖도록 하기, 과정으로서의 평화를 가르치기, 사회 정의를 수반하는 평화 개념 정립하기, 생명 존중을 자극하기, 갈등을 비폭력적으로 관리하기 등 10가지가 평화교육의 다양한 학습목표에 따른 교육활동을 구성함에 있어 기본적인 틀이 된다고 하였다. 고병헌은 평화교육에서 다루어야 할 내용으로 분단 · 군사 문화, 경제적 세계화, 생태계의 파괴와 환경오염, 차별 문제, 가족과 전통의 해체, 과소비 문화, 정보화 부작용, 교육 파행과 공교육 실종, 인권 문제 등을 제시하고 있으며, 박보영은 평화, 통일, 인권, 환경, 지구화를 말하였다. 김병연은 평화교육의 내용으로 9가지 범주, 즉 평화 개념에 관한 교육, 전쟁 문제에 관한 교육, 핵 문제에 관한 교육, 통일교육, 인권교육, 갈등교육, 다문화교육, 세계화와 개발교육, 환경교육을 제시하였다. [15]

---

14) 상게서, 211~212쪽.
15) 상게서, 215~216쪽.

경기도 평화교육의 핵심영역은 인권존중, 민주주의 가치 실현, 양성평등, 다문화 존중, 지속가능한 발전, 생태·환경 운동, 양극화 해소, 차별 없애기, 비폭력, 국제협력, 평화통일 지향, 생명존중 교육이다.[16)

5. 평화 교육의 수업 방법

평화교육의 수업 방법은 학생들의 나이와 필요에 따라 소그룹 토론, 자료 읽기, 에세이 쓰기, 프로젝트 만들어 보기, 영화 감상, 초빙 강사 강연 등 다양한 방식으로 진행될 수 있다. 문제해결식 학습의 일부로서 학생들에게는 자료가 주어지고 자신들의 결론을 내리게 된다. 갈등 및 폭력과 관련된 문제에 다양한 견해를 피력하는 토론회 자료는 학생들에게 복잡한 문제에 대한 여러 상이한 관점들을 제시할 수 있다.[17)

교사들은 커리큘럼이 학생들에게 효과적인지 평가해야 하는데, 이 평가는 세 단계를 거쳐야 한다. 첫 단계인 사전평가에서는 평화 개념을 도입하기 이전에 학생들이 무엇을 알고 있는지를 알아보아야 한다. 사전평가는 교사에게 평화와 정의 문제에 관하여 학생들 개개인의 인식 정도를 알게 해 주므로 실제 수업이 실시되기 이전에 수행되어야 한다. 두 번째 단계는 중간평가로서 수업 진행 중에 이루어지는데, 교사들은 학생들이 특정 주제에 대해 어떻게 반응하는지를 평가하게 된다. 이 평가는 교사가 형식에 구애받지 않고 자유롭게 학생에게 질문을 제기하고 학생의 대응을 관찰하는 것으로 이루어진다. 마지막 단계는 최종평가로서 수업을 마치기 직전에 행해진다. 여기서 교사들은 학생들에게 수업 중에 잘된 것은 무엇이며 더 개선할 것은 무엇인지 물을 수 있다. 이 지점에서 교사들은 학생들이

---

16) 경기도교육청, 전게서, 13~14쪽.
17) 이언 M. 해리스·메리 L. 모리슨, 전게서, 164쪽.

무엇을 배웠는지 전반적으로 또 구체적으로 확인해야 한다. 교사들이 제기해야 하는 중요한 질문은 "다음에는 무엇을 할까?"이다. 학생들에게 평화와 정의의 주제를 제시하고 학생들로 하여금 이런 주제를 고찰하게 하면, 학생들은 다음으로 무엇을 연구하고 싶은지 스스로 제안을 하게 된다.

이 평가를 통해 교사들은 학생들이 무엇을 배웠는지 알게 되며, 커리큘럼이 효과적이었는지 파악하게 된다. 평가를 통해 얻게 된 데이터로 평화교육자들은 커리큘럼을 재조정하게 된다.

전쟁과 평화에 관하여 가르치기 위해서는 학생들의 사고패턴과 행동을 지속적으로 관찰해야 하며, 또한 시사 문제에 대하여 분석하고 커리큘럼도 재구성해야 한다. 평화와 갈등 문제는 사람들에게 복잡하고 미묘한 방식으로 영향을 미친다. 교사들은 학생들로 하여금 이 문제들이 자신들의 삶에 미치는 영향을 파악하게 한다. 교사들은 학생들로 이 문제들이 자신들의 삶에 미치는 영향을 이해할 수 있도록 돕기 위해 교실 활동을 지속적으로 관찰해야 한다.

특정한 교실활동 이외에도, 평화와 정의의 문제는 여러 가지 독창적인 방법으로 전반적인 학교생활에서 다룰 수 있다. 도서관은 특별 전시를 통해 이 주제를 다룰 수 있고, 교실과 복도의 게시판에는 전쟁과 평화의 주제를 게재할 수 있다. 학생회 회의는 전쟁과 외교정책에 관한 정보를 제공할 수 있고, 연사를 초청하여 유엔의 날이나 마틴 루터 킹 목사의 탄생일과 같은 특정일을 기념할 수도 있다. 교사와 학생들이 수업시간에 평화 문제에 주의를 기울이는 '평화의 주(peace week)를 선포하는 학교도 있다. [18]

기존 커리큘럼에 평화교육을 끼워 넣는 것은 학교의 전 교원이 참여할 때, 가장 효과적이다. 이 경우 학생들로 하여금 보다 깊이 있게 고찰하는 것

18) 상게서, 166쪽.

을 가능하게 한다. 이 때 학생들에게 지역공동체나 국가적 차원, 또는 국제적 차원에서 우리 문명이 직면하게 되는 전쟁과 평화의 딜레마에 대하여 생각해 보도록 하는 것이다. 학생들은 이런 주제들에 자주 접할수록 학생들의 이해도도 커지고, 평화가 바로 우리 문제임을 자각하게 된다.

2장 평화 통일 교육의 방향

1. 평화 통일 교육의 목표

「통일교육 지원법」 제2조에 의하면, 통일교육은 "자유민주주의에 대한 신념과 민족 공동체 의식 및 건전한 안보관을 바탕으로 통일을 이룩하는 데 필요한 가치관과 태도를 기르도록 하기 위한 교육"으로 정의하고 있다.

통일부에서 발간한 『평화·통일교육 방향과 관점』에서 제시한 평화·통일교육의 목표를 정리하면 다음과 같다.

1) 평화통일의 실현의지 함양

통일은 분단으로 인해 남북한 주민들이 겪고 있는 고통과 불편을 극복하기 위해 달성되어야 한다는 점, 우리 민족의 재도약을 위한 발판이자 한반도와 동북아 더 나아가 국제 평화에 기여할 수 있다는 점, 인류 보편적 가치가 존중되고 인간다운 삶을 보장한다는 점 등 현실적인 면을 제시해 주는 것이 필요하며, 사회 구성원들의 평화통일에 대한 긍정적 인식을 제고하고, 적극적 실천의지와 역량을 신장시켜 나가는 데 적극적으로 기여하도록 해야 한다.

2) 건전한 안보의식 제고

국가 안보는 남북 간 군사적 대치, 북한의 핵문제 등의 위협으로부터 우리 삶의 터전을 지키고, 우리 사회의 자유와 번영을 보호하는 것이다. 국가 안보의 기초는 군사적 위협은 물론 우리 사회 구성원들의 안정과 평화를 위협하는 다양한 위험 요소들로부터 인류 보편적 가치와 민주적 제도를 지켜나가려는 건전한 안보의식을 갖추는데 있다.

3) 균형 있는 북한관 확립

균형 있는 북한관을 갖는다는 것은 북한 실상을 있는 그대로 이해하면서 북한에 대해 우리 안보를 위협하는 경계의 대상이지만 통일을 함께 만들어 나가는 협력의 상대로 인식해야 함을 말한다.

4) 평화의식 함양

민족 간 화해와 통합에 걸림돌로 작용하는 남북한의 체제 경쟁과 대립에 따른 상호불신과 갈등이나 우리 사회의 통일에 대한 사회적 갈등과 문화적 충돌 등을 극복하고, '다름'을 인정하고 관용의 정신, 평화의식을 키워나가야 한다.

5) 민주시민의식 고양

우리가 바라는 자유, 민주, 평화의 가치가 구현되는 통일 국가가 되기 위해서 통일 교육은 민주적 의사결정과 문제 해결 능력, 민주적 원리와 절차에 따라 행동할 수 있는 능력을 통합적으로 기르도록 해야 한다.

2. 평화·통일교육의 중점 방향

통일부에서 발간한 『평화·통일교육 방향과 관점』에서 제시한 평화·통일교육의 중점 방향을 정리하면 다음과 같다.

1) 통일은 우리 민족이 지향해야 할 미래이다.

통일은 분단의 고통과 폐해를 극복하고 국가와 민족의 지속 가능한 발전을 위해 달성해야 할 과제이다. 통일은 일차적으로 분단 극복을 의미하지만 그렇다고 분단 이전의 상태가 아닌 평화롭고 풍요로운 환경 속에서 인간다운 삶을 영위할 수 있는 미래를 향한 새로운 민족공동체를 건설하는 것을 의미한다.

2) 한반도 통일은 민족문제이자 국제문제이다.

통일은 남북 분단의 극복뿐만 아니라 동북아시아의 냉전구조 해체 및 평화체제의 구축 등과도 관련된 문제이다. 북한의 핵과 미사일 및 인권문제 등은 북한만이 아닌 지역적·국제적인 사안이 되고 있다. 이러한 현실에서 통일은 한반도에만 한정된 문제가 아닌 동북아시아와 국제사회 전반의 평화와 공동번영을 추구하는 차원에서 접근할 필요가 있다.

3) 통일을 위해서는 남북한의 주도적 노력과 함께 국제사회의 지지와 협력이 필요하다.

통일은 한반도 문제의 당사자로서 남북한 간의 긴밀한 협력을 통해 추진되어야 한다. 그러나 한반도 통일문제는 단순히 남북한의 재결합에 국한된 문제가 아니라 주변국들의 이해관계가 반영된 국제문제라는 점에서 주변국들의 지지와 협력이 필요하다.

4) 평화는 한반도 통일에 있어 우선되어야 할 가치이다.

통일은 평화적인 방식에 의해 이루어져야 한다. 미래의 한반도에 진정한 평화와 민족의 공동번영이 실현되기 위해서는 통일의 모든 과정이 평화롭게 진행되어야 한다. 이를 위해 남북한은 통일에 앞서 북핵 문제의 평화적 해결, 남북 간 정치·군사적 신뢰 구축, 한반도 평화체제 구축 등 항구적인 평화 정착과 이를 보장하기 위한 노력을 기울여 가야 한다.

5) 통일은 튼튼한 안보에 기초하여 평화와 번영을 구현하는 방향으로 추진되어야 한다.

평화통일은 튼튼한 안보에 기초하여 남북 간의 화해와 협력을 통한 공존공영과 평화정착을 통해 달성될 수 있다. 남북한이 평화적으로 통일을 이루기 위해서는 우선 통일을 함께할 상대로서 서로의 실체를 인정하고 호혜 협력의 관계로 발전해 가야 한다.

6) 북한은 우리의 안보를 위협하는 경계의 대상이면서 함께 평화통일을 만들어 나가야 할 협력의 상대이다.

북한은 우리의 안보를 위협하는 경계의 대상이지만 협력과 평화공존의 관계로 나아가 통일의 토대를 마련해야 하는 존재이다.

7) 북한에 대한 이해는 객관적 사실과 인류 보편적 가치 규범에 기초해야 한다.

북한을 바라볼 때, 특정한 관점에 따라 단편적인 모습만 보지 말고 북한의 공식적 문서나 언론 보도, 북한 주민의 일상생활 모습 등을 종합적으로 고려하여 균형적으로 인식하려는 노력이 중요하다. 또한 북한의 체제 및 제반 현상들을 자유, 인권, 평화, 복지 등 인류 보편적 가치 기준에 토대를 두고 판단해야 한다.

8) 북한은 우리와 공통의 역사·전통과 문화·언어를 공유하고 있다.

분단 상황이지만 남북한이 공유하고 있는 공통의 역사, 전통과 문화, 언어는 우리 민족을 하나로 묶고 있는 연결고리이며, 통일을 추진하는 원동력이 될 수 있다. 따라서 남북 간 교류 협력을 통해 같은 민족으로서의 동질성을 더욱 키워 나가려는 실천적 자세를 지녀야 한다.

9) 남북 관계는 통일을 지향하는 과정에서 잠정적으로 형성되는 특수관계이다.

1992년 발효된 「남북기본합의서」는 남북 관계에 대해 '나라와 나라 사이의 관계가 아닌 통일을 지향하는 과정에서 잠정적으로 형성되는 특수 관계'로 규정하고, 서로 상대방의 체제를 인정하고 존중하여야 한다는 점을 분명히 하고 있으며, 2005년 제정된 「남북관계발전법」도 남북 관계가 '국가 간의 관계가 아닌 잠정적 특수 관계'로 규정하고 있다.

10) 남북 관계는 기존의 남북 합의를 존중하는 방식으로 발전되어야 한다.

지속 가능한 남북 관계 발전을 위해서는 1972년의 「7·4 남북공동성명」, 1992년의 「남북기본합의서」와 「한반도 비핵화 공동 선언」, 2000년의 「6.15 남북공동선언」, 2007년의 「10.4선언」 등 기존의 남북 간 합의는 남북 관계 발전을 위해 오랜 시간에 걸쳐 만들어 낸 노력의 결실로서 상호 존중되고 지켜져야 한다.

11) 남북 관계 발전을 위해 화해 협력과 평화 공존을 위한 노력이 필요하다.

「남북관계발전법」은 '남북 관계의 발전이 자주, 평화, 민주의 원칙에 입각해야 하며, 공동 번영과 평화 통일을 추구하는 방향으로 추진되어야 한다.'고 규정하고 있다. 남북 관계가 대립과 갈등을 종결시키고 화해와 협력을 증진하기 위해서는 서로 교류 협력을 확대함으로써 남북 공동체를 만들어 가려는 노력이 필요하다.

12) 통일을 통해 구성원 모두의 자유·인권·평등·복지 등 인류 보편적 가치를 추구하는 국가를 건설해야 한다.

우리가 지향하는 통일 국가는 자유 민주적 기본 질서와 시장 경제를 근간으로 삼아 구성원 모두의 자유와 인권, 평등과 복지 등 보편적 가치가 존중되고 보다 풍요로운 삶을 영위할 수 있는 민족공동체이며, 다른 나라와 공존 공영할 수 있는 열린사회를 지향해야 한다.

13) 통일은 한반도뿐만 아니라 동북아시아 및 세계의 평화와 발전에 이바지할 수 있어야 한다.

남과 북, 동북아시아 주변국 간의 호혜 협력의 확대는 아시아 전체의 공동 번영을 증진시킬 것이며 군사적 대립과 긴장을 완화시켜 한반도를 넘어 전 세계의 평화를 가져 오는 데에 기여할 것이다.

14) 통일은 점진적이고 단계적인 방식으로 이루어져야 한다.

우리가 지향하는 통일은 남과 북의 이질화된 사회를 하나의 공동체로 회복 발전시켜 나가는 가운데 점진적이고 단계적인 접근을 통해 1민족 1 국가를 건설하고자 하는 것이다. 통일은 남북한 체제의 차이, 경제적 격차, 문화적 이질성 등을 점진적으로 극복하면서 통일 기반을 착실하게 다져 나가야 순조롭게 달성할 수 있다.

15) 통일은 국민적 합의를 바탕으로 추진해야 한다.

통일은 특정 집단이나 계층만의 문제가 아니라, 국민 모두의 삶과 직접 연결되어 있다. 따라서 통일은 국민적 합의를 바탕으로 추진되는 것이 바람직하다. 이렇게 나아가기 위해서 통일 교육은 통일 문제를 둘러싼 여러 시각의 차이를 조화 시키고 국민적 공감대를 형성하는 방향으로 이루어져야 한다.

3. 청소년들의 통일에 대한 인식

평화 통일 교육은 시대정신을 반영하고, 통일에 대한 학생들의 부정적인 인식을 전환할 수 있어야 한다. '오늘의 한국' 김경수 기자에 의하면, 통일부가 전국 597개교 10만 1224명의 초·중·고 학생을 대상으로 2017년 학교통일교육 실태조사를 실시한 결과, '통일이 필요하다'는 응답률이 62.6%로 집계됐다고 밝혔다. 한편, '통일이 필요하다'고 응답한 학생들은 그 이유에 대해 △전쟁불안 해소(31.8%) △국력강화(25%) △한민족(15%) △이산가족 문제 해결(14.2%) 등의 순서로 답했다.

청소년의 올바른 통일의식 함양을 위해 통일교육이 학교에서 제대로 이뤄지도록 해야 한다. 민주주의에 기반을 둔 평화통일 방식으로 추진되기 위해서는 무엇보다 청소년들의 통일의식이 매우 중요하다. 통일부는 청소년들의 통일의식과 학교에서의 통일교육 추진 현황을 파악하기 위해 교육부와 공동으로 초·중·고등학교를 대상으로 '학교 통일교육 실태조사'를 실시했다. 조사결과 '통일이 필요하다'는 청소년은 2014년(53.5%), 2015년(63.1%), 2016년(63.4%)로 해가 지날수록 꾸준히 상승하는 모습을 보였다. 청소년의 통일인식이 일정 부분 향상된 것을 알수 있는 결과였다. 또한, 학교에서 '통일교육이 잘 이루어지고 있다'는 교사들의 응답 역시 매년 상승해 통일교육이 활성화되고 있는 현실을 잘 보여줬다. 2016년 통계 결과에 따르면, 통일교육을 받은 이후 통일에 대한 관심도가 변화했는지에 대해서는 전체 학생들의 52.4%가 '통일에 대한 관심이 높아졌다'고 답해 통일교육이 실제 효과를 나타내고 있는 것으로 조사됐다.[19)]

위와 같이 통계적으로 통일의 필요성에 대해서는 많은 학생들이 공감하고 있다. 실제 통일교육을 실시하는 교사 입장에서는 20년 혹은 10년, 5년 전과 비교해 볼 때, "선생님, 꼭 통일이 되어야 하나요?", "남북한은 왜 통일이 되어야 하나요?", "전 통일하는 것 반대에요." 같은 말을 하는 학생들이 늘어 난 것은 사실이다. 이렇게 말하는 학생들을 보면, 앞으로 우리나라의 미래 세대를 위해서 통일교육의 필요성에 대한 책임감을 통감하게 된다.

통일에 대해 부정적으로 인식하는 청소년을 위해 어떻게 통일교육을 실시하는 것이 좋을까?

---

19) 김경수, '오늘의 한국' 2018. 2.1일자.

첫째, 통일교육은 분단된 우리 상황에서 중요하며, 누구나 해야 된다는 인식을 갖는 것이 필요하다. 그래서 통일교육 내용이 자연스럽게 교과 교육과정 내 포함되어 있어야 한다. 현재 중ㆍ고등학교인 경우, 도덕과와 사회과에서 통일 교육 내용이 이전 교육과정 보다 많이 축소된 것은 아쉬운 일이다.

둘째, 유치원, 초등학교, 중ㆍ고등학교, 대학교 교육까지 단계적으로 통일에 대해 긍정적이면서 다양한 방법을 통해 접근할 수 있는 기회를 갖는 것이 필요하다. 유치원생이나 초등학교 중학년 까지는 노래, 율동, 연극, 그림 등의 재미있는 방법으로 하고, 초등학교 고학년부터 대학교까지는 토론, 보고서, 강연, 캠프, 탐방 및 견학 등의 방법으로 할 수 있다.

셋째, 교사들은 일회성 및 전시성 위주의 통일교육을 지양하고, 교육과정 내에서 체계적이면서 지속적으로 추진 할 수 있는 통일교육을 계획하고 실천하려는 노력이 강구되어야 할 것이다. 2017년에 경기도교육청에서는 시민교육 교과서 일환으로 초등학교 고학년, 중ㆍ고등학교에 '통일시민' 교과서를 제작하여 배부하였다. 이 교과서는 관련 교과나 동아리 활동 시 참고하여 활용하면 통일교육을 더 알차게 할 수 있다.

3장 실천 중심의 평화 통일 교육

1. 평화 통일 교육의 필요성

평화 통일 교육은 시대정신을 반영할 수 있어야 하며, 장기적인 관점에서도 받아들일 수 있어야 한다. 칼 세이건(Carl Edward Sagan)은 『코스모스』에서 핵무기를 통한 전쟁 억지 정책을 다음과 같이 비판하고 있다. 이런 자료를 활용하여 강대국의 핵무기 정책을 비판적으로 토론할 수도 있다.

핵무기를 통한 전쟁 억지라는 아이디어는 전적으로 우리의 비인간적 조상의 행동 양식에 근거한 것이다. 현대 정치가 중 한 사람인 헨리 키신저는 이렇게 쓴 적이 있다. "핵 억지력의 실현 여부는 무엇보다 심리학적 판단 기준에 달려 있다. 핵 사용 억지의 목적에서 볼 때 협박성 공갈을 신중하게 받아들이게 하는 편이 심각한 위협을 허풍으로 오판하게 하는 것보다 훨씬 효과적일 수 있다." 때로는 '막가파'식의 비이성적 형태를 상대국에게 구사한다던가, 아니면 상대방을 핵전쟁의 가공할 결과에 대한 두려움으로 완전 세뇌하여 핵무기로 인한 전멸 가능성으로부터 스스로 거리를 두게 유도하는 것이 핵 억지 효과를 거둘 수 있는 실질적 방책이라는 것이다. 광기 어린 협박의 실제 목적은 가상의 적대국을 지구 전역에 걸친 대결의 장으로 내몰지 않고 오히려 분쟁의 여러 쟁점에서 상대로부터 양보를 끌어내려는 데에 있다. [20]

지구 전역에 걸쳐 공포의 균형을 유지함으로써 핵전쟁을 억지하는 정책을 처음 시도한 나라는 아메리카합중국과 (구)소비에트사회주의 공화국 연방이었다. 양측은 이 정책의 성공을 위하여 결국 인류 전체를 볼모로 잡았다. 양국은 상대 진영이 취할 수 있는 행동 양식의 경계를 정했다. 어느 한쪽이 정해진 선을 넘는 행동을 하면 핵전쟁에 즉각 돌입하게 됨을 양측 모두 잘 알고 있었다. 그러나 그 경계의 정의는 때에 따라 변하기 마련이다. [21]

---

20) 칼 세이건, 코스모스, 사이언스 북스, 2009. 644쪽.
21) 상게서, 645쪽.

교사들은 우리 사회의 남북 관계의 정책 변화, 국제적 정세 등을 고려한 평화 통일 교육을 어떻게 할 수 있을까? 그 방법을 적어보면 다음과 같다.

차시	수업 내용	수업 방법
1	1차 남북정상회담 결과 살펴보기	NIE 수업(모둠별 조별 수업)
2	판문점 선언 동영상 보기	소감문 작성(내용+느낌) 및 발표 수업
3	앞으로 남북 관계 및 국제 사회 전망	남북 관계에 대한 청소년의 자세(조별 토론수업)
4	2차 남북정상회담 결과 살펴보기	NIE 수업 (조별 자료 찾기 및 정리)
5	2차 남북정상회담 결과 살펴보기	NIE 수업(조별 발표 수업)
6	한반도의 완벽한 비핵화의 필요성	원탁 자유 토론 수업
7	한반도의 완벽한 비핵화를 위한 방안 찾기	아이스브레이킹 후 조별 발표 수업
8	국제사회의 군비 축소의 필요성 및 노력	조별 프로젝트 수행
9	통일의 필요성	찬반 토론 수업
10	평화 통일을 위한 우리의 자세 / 통일한국의 비전	통일글짓기 대회 실시

위와 같은 평화 통일 교육을 실시 할 때, 교사들이 유의해야 할 점은 변화된 통일 정책이나 남북 관계를 지도하는 것도 중요하지만, 정치적 중립을 취하여 이념 교육이 되지 않도록 해야 한다. 그리고 남북 간의 경제 및 문화적 격차를 이유로 통일 자체를 반대하는 청소년들을 어떻게 지도할 것인가를 고민해야 한다.

2. 생활 속 평화 통일 교육

교실에서 평화 통일 교육을 실시 후, 지역 연계 체험활동을 하면 학생들한테 분단 상황을 피부로 느끼고, 통일에 대해 더 깊이 있게 생각해 보는 시간이 될 수 있다.

이러한 교육은 창의적 체험활동과 연계하여 운영한 뒤, 교과 시간을 활용하여 학생들 수준에 따라 견학 및 탐방을 그림이나 글로 나타내어 서로 이야기를 나누고, 발표하는 시간을 갖는 것이 좋다. 그리고 학생들의 교육활동 결과물은 수시로 전시해 서로 공유할 수 있도록 한다.

우리 학교에서 쉽게 갈 수 있는 지역의 대표적인 통일 교육의 체험 장소를 소개하면 다음과 같다.

장소	소개
오두산 통일 전망대	- 1992년 9월 8일에 개관한 경기도 파주시 탄현면 성동리에 위치한 관광지로 한강과 임진강이 만나는 오두산에 세워진 안보 교육장이다. - 3,4층에 위치한 원형전망실은 개성의 송악산까지 볼 수 있으며, 주차장에서 셔틀버스가 무료로 운행된다. - 1층에는 로비, 기획전시장, 북한전시실, 북한생활체험실, 통일염원실이 있고, 2층에는 북한영상실, 소극장, 통일전시실이 있으며, 지하 1층에는 북한상품 및 기념품 판매점과 식당이 있다. 옥외에 있는 망원경으로 북한을 바라 볼 수 있으며, 통일기원북, 평화의 상징탑, 고당 조만식 선생 동상, 망배단, 야외쉼터, 오두산성이 있다.
제3의 땅굴	- 1974년 귀순한 김부성에 의해 알려진 땅굴이다. 임진각에서 서북쪽으로 4km, 통일촌 민가에서 3.5km에 위치하고 있다.

도라산 전망대	- 서부전선 군사분계선 최북단에 자리 잡고 있는 통일안보 관광지이다. - 관람석(500석)·VIP실·상황실 등으로 이루어져 있고, 많은 망원경이 설치되어 있다. - 개성공단과 개성시 변두리의 모습이 선명하게 보이며, 송악산·금암골(협동농장)·장단역·북한선전마을 기정동·김일성 동상 등이 바라다 보인다.
도라산역	- 민간인 출입통제 구역 내에 있기 때문에 민간인이 가기 위해서는 임진강역에서 출입 수속을 거쳐야 한다. - 2002년 2월 12일, 철도운행이 중단된 지 52년 만에 임진강을 건너가는 특별 망배열차(望拜列車)가 도라산역까지 운행된다. - 이 역을 지나면 장단역 ->판문역->봉동역->손하역을 거쳐 개성역에 다다르는데, 역명판에는 다음 역을 '개성역'으로 표시하고 있다. - 2002년 2월 20일, 대한민국의 대통령 김대중과 미국의 대통령 조지 W. 부시가 이 역을 방문하고, 연설을 한 후, 철도 침목에 서명하는 행사를 하여 한반도 통일 염원을 상징하는 대표적인 장소가 되었다. - 이 역 전체가 경의선 철도 남북출입사무소이므로 역 구내에는 출입경 관리소가 있으며, 보안 검색대, 출입경 심사대 및 세관이 붙어 있다.

임진각 평화누리 공원	– 1995년 4월 파주시 시설관리공단이 위탁받아 운영하는 곳으로 유원시설(2천4㎡)과 통일열차 철도부지(2천567㎡), 휴게식당 등으로 이뤄져 있다. – '자유의 다리'는 1만2천773명의 국군포로가 남측으로 내려오는 통로로 사용된 다리로 평화를 상징한다. – 자유의 다리와 맞닿아 있는 단선 철도는 2000년 경의선 복원사업으로 개통됐지만, 2008년 7월 금강산 관광객 피격 사망 사건 등 남북 관계 경색으로 철도 왕래가 끊긴 상황이다.
통일공원	– 6.25전쟁 당시 산화한 국군 장병들의 호국정신을 기리고 통일을 기원하기 위해 1973년 6월 파주읍 봉서리에 조성된 연면적 12,558평의 공원이다. – 휴전회담 당시 유엔 종군기자 센터가 자리 잡고 있던 문산역 근처 통일공원에는 6.25의 참극을 전 세계에 보도하기 위해 한국 전선에 종군했다가 순직한 서울 신문 한규호 기자를 비롯 미국(10명), 프랑스(2명), 영국(4명), 필리핀(1명) 등 국내외 18명의 종군기자를 위로하는 한국전 순직 종군기자 추념비가 있다.ㅉ – 6.25 당시 혈전을 벌이다 순직한 육탄 10용사 충용탑 및 개마고원 반공유격대 위령탑, 이유중 대령, 김만술 소위 기념상 등이 세워져 있다. – 통일공원을 건립한 목적은 육군 제1사단 근무 중 혁혁한 공로를 세운 장병들의 호국정신을 기리고 영령을 추모하는 동시에 가장 중요한 장소에서 중요한 업적을 이룩한 사단 장병들의 높은 감투정신을 후세에 널리 전하기 위해서이다.

통일을 다시 생각해 볼 수 있는 이러한 체험 장소에서 혹은 체험 후 교실에서 체험 활동 소감문을 쓰고 서로 같이 발표 하고, 이야기를 나눌 수 있는 시간을 갖는 것은 실생활과 연계된 통일 교육을 할 수 있다는 점에서 매

우 긍정적인 면이 있다.

두 번째로, 학습자 중심의 통일 교육을 위해서 경기도교육청에서 펴낸 '통일시민' 교과서를 교과나 창의적 체험활동 시간을 통하여 적극적으로 활용하면 학생들이 쉬우면서도 체계적으로 통일의 필요성이나 중요성을 인식할 수 있는 계기가 될 수 있다.

도덕 교과와 '통일시민'교과서를 연계하여 주제를 뽑아 평화 통일 교육을 실시한 것을 정리해 보면 다음과 같다.

가. '통일시민' 교과서 내용 구성

통일시민	나와 한반도, 분단과 평화, 평화적 갈등해결, 통일의 길, 통일과 우리의 미래

나. 도덕 교과와 '통일시민' 교과서의 내용 연계

번호	주제	도덕 단원	통일시민 단원	실천 내용		학년
1	평화와 통일	Ⅲ.3.분단 배경과 통일의 필요성	Ⅰ.1.평화와 함께 하는 통일	통일과 평화의 관계		1학년
		Ⅲ.4.세계화 시대의 우리의 과제				3학년
2	분단의 아픔	Ⅲ.3.분단 배경과 통일의 필요성	Ⅰ.2.한반도와 우리의 삶	동영상토론	크로싱	1학년
		Ⅲ.4.세계화 시대의 우리의 과제			공동경비구역	3학년

3	분단의 영향	Ⅲ.3.분단 배경과 통일의 필요성	Ⅰ.2.한반도와 우리의 삶	남북 분단이 미치는 영향	1학년
4	인간 안보	Ⅱ.2.평화적 해결과 폭력 예방	Ⅰ.3.일상 평화를 위한 안보	인간 안보의 중요성	3학년
5	공존	Ⅲ.4.바람직한 통일의 모습	Ⅲ.2.화해를 위한 노력	남북한 주민들 간의 갈등 해결을 위한 서클맵 토론	1학년
6	존중 평화	Ⅲ.4.바람직한 통일의 모습	Ⅲ.3.평화적 의사소통	따뜻한 말하기 연습(적극적 경청, 비폭펵 대화, 나 전달법)	1학년
		Ⅱ. 2. 평화적 해결과 폭력 예방			3학년
7	통일	Ⅲ.3.분단 배경과 통일의 필요성	Ⅳ.1.나에게 다가오는 통일	통일의 필요성 토론 및 논술	1학년
		Ⅲ.4.세계화 시대의 우리의 과제			3학년
8	통일	Ⅲ.3.분단 배경과 통일의 필요성	Ⅴ.1.통일 한반도의 미래	통일 한반도의 모습	1학년
		Ⅲ.4.세계화 시대의 우리의 과제		통일시대의 나의 비전	3학년

세 번째로, 학습자 중심의 통일 교육은 통일부나 교육부에서 실시하는 통일캠프, 통일교육주간에 발맞추어 학생들이 이러한 행사에 적극적으로 참여하도록 하여 통일 마인드를 심어 주는 것도 생활과 밀접한 통일 교육이 될 수 있다. 통일부에서 권장하는 5월 통일교육주간에 맞추어 본교에서는 다음과 같이 세부 계획을 수립하여 실시하고 있다.

제 7회 통일교육주간 운영

더불어 살아가는 '평화통일'

1. 통일교육주간 : 2019.5.14.(화)~5.31.(금)

2. 대상 : 전학년

3. 수업운영 : 통일 계기 교육 관련 동영상 시청 후 소감문 쓰고 발표
하기, 통일과 평화의 의미, 통일 한반도의 모습 살펴
보기, 통일의 필요성에 대한 토론 후 통일글짓기 실시

4. 실시 방법 : 1.3학년 (도덕 시간), 2학년 (사회 및 역사 시간)

5. 운영 내용

일 정	운영 내용
5/14(화) ~ 5/31(금)	o 교과 시간을 이용한 통일 관련 계기 수업 실시(학년 별 3시간 이상 실시) 　- 1·3학년(도덕 시간), 2학년(사회 및 역사 시간) ① 통일교육원홈페이지(www.uniedu.go.kr/통일교 육주간/통일교육관련자료/계기수업 자료) 동영상 자료 시청 후 소감문 쓰고 발표하기(희망자에 한 해 해당 사이트에 소감문 올리도록 안내(1시간) ② 통일과 평화의 의미, 통일 한반도의 모습(1시간) ③ 통일의 필요성에 대한 토론수업 실시(1시간) ④ 교내통일글짓기대회 실시(1시간) 　- 교내 통일 글짓기 대회 : 시상 계획에 따라 학년 별 최우수 1명씩 시상 　- 심사 기준 : 평화 통일에 대한 비전과 희망을 논 리적으로 잘 제시하였는지 여부 o 통일 관련 계기 교육 시수가 부족할 경우 통일교육 주간 앞뒤로 시간을 더 확보하여 탄력적으로 운영

통일 이후의 자신의 모습을 그려 보자는 의미에서 '통일 시민'과 '도덕'을 연계하여 '통일 한반도의 모습'이라는 주제로 공개 수업을 하고, 통일의 필요성에 대해 찬성 측과 반대 측의 입장을 함께 생각해 보자는 의미에서 통일의 필요성에 대한 프로콘 토론을 실시했다.

PART 3

민주시민교육의 실제1
- 토론 & 프로젝트 수업의 토대

III 민주시민교육의 실제 I

1장 어떤 도덕 수업을 지향하는가?

도덕 교육은 선한 삶을 목표로 한다. 이러한 목표에 도달하기 위해 학교에서 도덕 교육의 방향을 어떻게 설정해야 할까?[22]

첫째, 도덕교육은 도덕성을 향상시켜 '건전한 가치관'을 형성함으로써 무엇이 옳고 그르며, 무엇이 선하고 악한지 하는 '가치의 안목'을 체득하도록 교육을 해야 한다. 도덕교육은 인간이 올바르게 살아야 할 가치를 알게 함으로써 인생의 의미를 알게 한다. 학교에서 가르쳐야 할 교육적 가치는 도덕적 가치를 포함하여 정치적, 사회적, 정서적, 미적, 종교적 가치 등이다.

둘째, 도덕교육은 '바로 지금'의 윤리적 생활과 직결된 교육이다. 도덕교육은 매일 일상적 삶에 대한 도덕적 판단과 결정을 내리는 실천적 소양을 갖도록 해야 한다.

셋째, 도덕교육은 '지행합일'의 교육이다. 도덕교육은 단순히 도덕적 삶을 아는 데 머물지 않고, 도덕적 행위와 밀접하게 이루어져야 하는 것이다.

넷째, 도덕교육은 궁극적으로 '인격'을 완성시키기 위한 교육이 되어야 한다. '사람'으로서 살아가게 하는 공동체 구성원으로서 '사람됨'의 교육을 해야 하는 것이다.

다섯째, 도덕교육은 태어나서 인간이 '행복하게' 살도록 하는 것이어야

---

22) 심성보외 3인, 전게서, 23쪽.

한다. 어떻게 사는 것이 행복한 삶인가? 무엇이 행복이고, 삶의 궁극적 목적이 무엇인지를 깨닫게 하는 교육이 되어야 한다. 도덕교육은 잘못된 행동에 대해서는 부끄러움을 느낄 뿐만 아니라 마음의 평화를 누리고, 몸이 건강하고, 자아가 올곧게 성장하도록 하는 교육이 되어야 한다.

여섯째, 도덕교육은 도덕을 초월한 인간으로서 자아의 발견을 위한 교육이어야 한다. 도덕교육은 취미, 잠재력, 가능성, 자신의 장단점을 이해하는 일반교육과 밀접한 관련을 맺고 있어야 한다.

일곱째, 도덕교육은 타인의 생각, 사고, 습관, 장점과 단점 등을 이해하도록 하는 교육이 되어야 한다. 도덕교육은 자신의 입장에서 이해하는 것이 아니라 타인의 입장에서 보고 이해하는 태도를 함양하도록 하여 원만한 대인관계를 맺도록 하는 교육이 되어야 한다.

여덟째, 도덕교육은 인간본성, 욕망에 대한 근원적 이해를 돕는 교육이어야 한다. 인간은 욕망 없이는 살기가 어렵지만, 그 욕망을 어떻게 달성하느냐 하는 것에는 도덕교육이 필요하다.

아홉째, 도덕교육은 나를 존재하게 한 공동체(가정, 지역, 국가 등)에 대한 애착과 책임을 자각하도록 하는 교육이며, 시민으로서 공동체 안에서 각자 마땅한 역할을 하도록 하는 시민교육이 되어야 한다.

마지막으로 도덕교육은 인간적 삶을 파괴하지 않도록 환경을 훼손하지 않는 교육을 해야 한다. 도덕교육은 인간의 마음을 친환경적으로 형성하게 하는 자연교육, 생명교육이 되어야 한다.

결국 도덕교육의 주체는 가정, 학교, 사회 등이다. 도덕교육은 학교교육에서만 이루어지는 것이 아니며, 반드시 의식적 이성적으로 이루어져야 하는 것만도 아니다. 학교에서 이루어지는 교육은 가정, 사회와 함께 교육을 할 수 있는 방법을 모색해야 한다.

도덕교육을 하면서 성현들의 글 중에 공자의 "자기가 하고 싶지 않은 것을 남이 하도록 하지 말라.(己所不欲, 勿施於人)"라는 말과 예수의 "남에게 대접받고 싶은 대로 남을 대접하라."라는 황금률은 도덕교육의 지표를 가장 잘 보여주고 있다고 생각한다.

도덕 교육은 우리의 삶에 관해서 다룬다. 그렇기에 우리나라를 포함하여 지구촌 문제에 열린 시야를 갖는 학생들이 되길 바란다. 이런 바람을 담아서 도덕 수업을 준비할 때 학년별 도덕 교과를 관통하고 있는 가치나 덕목을 추려내는 작업을 한다. 그리고 2017년도 경기도교육청에서 일선 학교에 배부를 한 '민주시민', '세계시민', '통일시민' 교과서를 참고 하여 수업과 평가가 연계된 민주시민교육을 실시하였다.

2장 서로 소통하는 토론 수업

'토론'은 '토(討)'와 '론(論)'이라는 두 글자가 합쳐진 것인데, 토(討)는 말을 나누거나 쪼갠다는 의미를 내포하고 있으며 론(論)은 사람들이 돌아가면서 말을 한다는 뜻을 내포하고 있다. 따라서 토론은 논쟁이라는 좁은 의미가 아니라, 토의(討議)에 가까운 넓은 의미로 사용되고 있음을 알 수 있다.

영어에서는 토론과 토의의 개념을 분명하게 구분하고 있다. 영어로 토론은 'debate'라고 하는데, 'debate'의 어원은 라틴어 동사 'debattuere'이며, 이는 'de'와 'battuere'로 나눌 수 있다. 'battuere'는 이후 영어의 'battle(전쟁)'이라는 의미로 변화했다. 이렇게 보면 'battle(전쟁)'라는 말은 전쟁이라는 뜻에서 비롯되었음을 알 수 있다. 이 의미는 우리 말의 '논쟁(論爭)'에 더 적절하다고 할 수 있다. 영어의 'discussion'은 어떤 문제를 해결하기 위해서 여럿이 모여 이야기를 주고 받는 것을 뜻하며, 토의, 협의, 심의 등으로 번역할 수 있다. 이렇게 보면 토론(debate)는 토의(discussion)의 한 방식이라고 할 수 있다. [23)]

토의와 토론을 비교해서 정리해 보면 다음과 같다. 토의는 어떤 결론을 도출하거나 합의를 이끌어 내기 위해서 마음을 모으는 과정으로 하나의 문제를 공동으로 생각하기 때문에 문제를 깊이 이해할 수 있고, 해결에 이르는 길을 찾는 동안 다양한 가능성을 검토할 수 있으며, 소수의 의견도 중요하게 다루어진다. 이에 반해 토론은 어떤 논제에 대해 대립되는 입장으로 나뉘어 자기주장이 옳다는 것을 논리적인 근거를 바탕으로 설득하는 말하기이다. 토의가 합의를 전제로 성립된다면, 토론은 대립을 전제로 성립된다고 할 수 있다.

토의는 참가자들의 합의를 통해서 문제 해결책을 도출하는 데 목적이 있지만, 토론은 합의안이나 해결책을 모색하는 하나의 방법이긴 하지만 토론의 궁극적인 목적은 서로 대립하는 가운데 변증법적 사고 과정을 통해서 올바른 진리에 도달하려는 것이라고 할 수 있다. [24)]

토론을 수업에 적용했을 시 우리가 얻을 수 있는 효과는 크다. 첫째, 토론은 상대방을 논리적으로 설득하기 위한 자신의 주장에 대한 논거나 상대방 주장의 허점 찾기 등의 과정을 통해 논리적 사고력이 향상된다.

---

23) 김주환, 교실 토론의 방법, 우리학교, 18쪽.
24) 상게서, 19쪽.

둘째, 토론자들이 토론 논제 관련 자료를 찾으면서 주제에 대한 깊이 있는 학습이 가능하며, 이 과정에서 자료를 조사하고 탐구하는 능력이 향상된다.

셋째, 자신의 주장 제시뿐만 아니라, 상대방의 주장도 주의 깊게 들으면서 의사소통능력이 향상된다.

넷째, 모둠 활동을 통해서 학생들은 어려운 문제를 해결해 나가는 길을 찾게 될 뿐만 아니라 토론을 성공적으로 이끈 데서 보람을 느끼기도 하면서 사회적 문제에 관심이 늘고, 문제해결능력을 키울 수 있다.

본교는 학급 당 학생 수가 10명 내외이기 때문에 토론 수업 시 찬반 토론 수업이나 원탁 토론 수업을 하면 2팀으로 나누어 하기가 좋다. 수업 시간에 주로 사용하는 찬반 토론 수업과 원탁 토론 수업을 소개 하면 다음과 같다.

가. 찬 · 반 토론 수업

1) 논제 한 개를 진행하면 대체로 3차시 정도 시간을 확보한다.

2) 토론을 하기 전에 팀을 나누어 논제에 대한 찬반을 정한다. 조장이 가위 바위 보를 하여 이긴 조장이 찬반 선택의 우선권을 갖거나 논제에 대해 찬반 제비뽑기를 한다. 논제와 관련하여 찬반 자료를 찾아오고, 사전에 자료를 읽어 오라고 말한다.

3) 1차시 – 각자 개인별 토론 개요서를 작성한다.

4) 2차시 – 개인별 토론 개요서에 입각하여 협의를 통해 조별 토론 개요서를 작성한다.

5) 3차시 – 개인별, 조별 토론 개요서에 입각하여 본격적으로 토론을 실시한다. 토론 과정에서는 간단히 핵심 내용 위주로 토론 일지를 작성하게 한다. 배심원 평가지는 학생수가 적으므로 모두

가 토론자이면서 배심원이기에 토론 일지 한 장에 통합시켰으며, 토론 후 상대방 팀에서 토론왕을 선정하게 한다.

찬반 토론 순서는 입론 – 교차 질문 - 1차 작전회의 –1차 반론 –교차질문 - 2차 작전회의 – 2차 반론 – 최종발언 순으로 한다.

나. 논쟁형 원탁 토론 수업

1) 구체적인 논제를 가지고 찬반을 나누어 토론하는 방식이다. 찬반 토론 수업과 같은 절차를 거치되, 조별 토론 개요서를 작성하는 시간을 갖지 않고, 개인별 토론 개요서에 입각해서 토론에 임하기 때문에 일반적인 대립형의 찬반 토론 수업 보다 할애 되는 시간은 더 적다.

2) 6~10명 내외로 구성하며, 발언순서는 특별히 정해져 있지 않지만, 발언 횟수와 시간은 모든 토론자에게 똑같이 적용한다.

3) 발언이 보통 3~4회 차로 진행되고, 매회 차 주어진 시간 안에서 한 번만 발언한다.

4) 발언 순서는 45분 수업에 맞추어 다음과 같이 진행하였다.

　가) 처음 만난 사람일 경우는 30초 정도의 자기소개 시간을 갖는다.

　나) 1차 발언(2분) : 입론 ▶ 의무적으로 하며, 자신의 의견과 입장(주장-이유-근거)을 제시한다. 반박은 하지 않고, 발언 순서는 자유롭게 하되, 안될 때는 사회자가 지명 가능하다.

　다) 2차 발언(2분) : 반박과 질문을 하되, 희망자에 한해서 해도 된다. 여러 명에게 반박과 질문을 할 수 있으나, 몇 명에게 하든 정해진 시간은 준수한다. 전체적인 소통을 방해할 우려가 있기 때문에 반대 신문이나 즉문 즉답은 피하는 것이 좋다. 꼭 반대 신문을 해야 할 경우는 자신에게 주어진 발언시간 내에서 할 수 있고,

질문자가 답변자의 발언을 더 이상 듣고 싶지 않을 때는 중지시킬 수 있다.

라) 3차 발언(2분) : 답변과 재발론 단계로서 2차 발언에서 토론자들이 제기한 반박에 대해 재반론하고, 질문에 답하는 단계이다. 2차 발언 보다 구체적인 이유와 근거, 사례와 증거를 제시한다.

마) 정리 발언 (1분) : 자신의 입장을 최종적으로 정리하여 말한다. 1차 발언의 내용을 좀 더 핵심만 간추려 효과적으로 하거나 느낀 점 및 소감을 이야기해도 된다.

3장 자기주도적 프로젝트 수업

프로젝트 수업은 도덕 · 사회과에서 실시하기에 적합한 수업 방식이다. 프로젝트 학습(PBL)은 Project-Based Learning의 약자로 문제해결 학습의 일종으로, 프로젝트를 기반으로 한 교수학습 방법이다. 이 수업은 프로젝트 목표를 달성하기 위해 학생들이 분석적이고 비판적으로 사고하기를 요구한다.

프로젝트 수업을 연구하고 세계에 널리 알리는 미국의 벅 교육협회(Buck Institute For Education)에서 제시한 GSPBL(Gobal Standard PBL)의 학습목표는 "핵심 지식과 이해", "핵심 성공 역량" 두 가지로 구성되어 있다. 이 단체에서 제시하는 프로젝트 수업 구성이 우리나라 교사들에게 시사하는 바가 있어 정리해 보면, 다음과 같다. [25)]

---

25) 존 라머외, 전게서, 39쪽.

1) 핵심 지식과 이해

프로젝트 수업에 있어서 대부분의 교사가 간과할 수 있는 점은 프로젝트 수업은 결국 배움을 위한 수단이라는 것이다. 프로젝트 수업을 통해서 이해가 있는 배움이 수행되어야 한다. 프로젝트 수업은 단순히 학생들의 흥미와 동기를 유발시키는 놀이의 일종이 아님을 명심해야 한다. 여기서 말하는 지식과 이해는 인터넷 검색을 통해 얻을 수 있는 단편적인 지식을 넘어서 존재하는, 생각과 분석을 요구하는 정보와 개념이라고 할 수 있다.

2) 핵심 성공 역량

프로젝트 수업을 통해서 얻고자 하는 것은 머릿속에 남아 있는 지식을 넘어 그것을 실제 사회에 적용할 수 있는 역량이다. 세상에 존재하는 다양한 역량 중에서도 몇몇 요소들은 학생들의 성공적인 사회생활을 위한 성공 역량으로 분류하였으며, 이에 해당하는 것으로 비판적 사고력, 문제해결력, 협업능력, 자기관리능력을 지적하였다.

벅 교육협회에서는 이러한 프로젝트 수업의 학습목표는 다음과 같은 필수 요소들을 수업 설계에 포함하고 제대로 실행함으로써 달성될 수 있다고 한다.

(1) 어려운 문제 또는 질문

프로젝트 수업에 있어서 어려운 문제의 질문은 수업의 구조를 체계화하고, 학습을 의미 있게 만들며, 학습에 목적을 부여한다. 문제가 제시되고 해결하는 과정을 통해서 학생들은 사용할 수 있는 지식을 습득한다. 이 과정에서 교사는 문제의 난이도 조절, 과제 지원 정도 등을 고민해야 한다.

(2) 지속적인 탐구

책이나 인터넷 자료를 뛰어 넘어 전문가 인터뷰, 현장 학습, 실험 등을 통해 탐구를 진행하도록 한다. 이런 과정을 거치면서 학생들은 새로운 질문과 해답을 얻으면서 지적 호기심을 충족하고 발전해 나갈 것이다.

(3) 실재성

실재성은 프로젝트 수업에 있어서 학생 참여의 틀을 세우고 참여를 이끄는 주요 요소로서 학생의 동기를 형성시키고 성취도를 높여 주며, 학생의 경험을 최대한 현실적으로 만드는 역할을 한다. 이는 프로젝트의 상황을 실제적으로 만들거나 세상에 실제로 영향을 줄 수 있는 결과물을 만들거나 학생 개개인의 삶에 직접 영향을 주는 방법으로 실현해 낼 수 있다.

(4) 학생의 의사와 선택권

학생의 참여는 동기유발 측면에서 중요하다. 학생들이 어느 정도 수준의 선택의 자유를 누릴지는 교사에게 달려 있다. 교사는 학생들에게 선택권을 줄 때, 학생들의 능력을 고려하고, 어떤 지원을 해 줄 지도 결정해야 한다.

(5) 성찰

교사와 학생은 문제 상황에서 어떻게 해결할 것인지 협의하고 결정해 나가야 한다. 이런 선택은 매 순간 성찰을 통해서 이루어진다. 학생과 교사는 프로젝트 수업을 진행 하는 동안 성찰을 통해 현재 상황을 점검하고 대처 해 나가야 한다.

(6) 비평과 개선

프로젝트 수업에서 비평과 개선을 통한 프로젝트 결과물의 향상은 필요한 요소이다. 학생들은 이러한 피드백을 통해서 자신의 수준을 확인하고 개선할 기회를 얻으며, 서로의 작업을 면밀히 살피는 법을 배울수 있다.

(7) 공개할 결과물

프로젝트 수업을 통해 완성된 결과물은 교실을 넘어 학교 밖의 사람들과 공유할 기회를 제공할 수 있다. 이는 학생들이 책임감과 애착을 가지고 열심히 임하는 동기 부여가 된다. 또한 자신의 결과물이 사회에 실제성을 가지게 됨을 인식함으로써 학생들은 수업에 활발하게 참여하게 된다. 그리고 이러한 결과물을 전시함으로써 학교와 교육 프로그램은 외부의 지지 기반을 확보하게 된다.

도덕과는 학년별 교과 내용을 분석하여 교과 내용을 주제별로 나누어 한 달 정도 프로젝트 자기주도 학습을 실시하고 수행평가에 반영하면 좋다. 본인은 이러한 수업을 앞에서 제시한 평화 교육과 연계하여 실시하였다. 그 방법을 소개하면 다음과 같다.

평화 · 인권 프로젝트로 사회 문제에 참여하기

◎ 목적

평화 · 인권 관련 주제를 선정하여 집중적으로 탐구함으로써 사회 문제에 관심 갖고 청소년으로서 역할을 찾아 참여한다.

◎ 방법

❶ 사계절 방학과 여름 방학을 이용하여 1, 2차 평화 · 인권 프로젝트를 실시했다.

❷ 교과서 내용을 바탕으로 평화 · 인권 관련 주제를 뽑아서 각자 탐구할 주제를 정한다.

❸ 5월에 실시한 평화 · 인권 1차 프로젝트는 선택한 주제와 관련하여 우리 사회나 국제적으로 평화적이지 못한 상황을 찾고, 개인적 · 사회적 측면에서 해결 방안과 노력할 점을 제시하고 실천한다. 끝으로 과제 수행 과정에 대한 소감을 작성한다.

❹ 여름 방학 때 실시한 2차 평화 · 인권 프로젝트에서 1학년은 '인류 평화와 정의를 실현한 인물 조사'를 3학년은 '인류 평화와 정의를 실현한 국제기구 조사'를 실시했다. 2개 학년 공통으로 희망 직업을 설정하여 평화 실천자로서 할 일을 작성하게 하였으며, 인류의 이웃을 위해 자기가 할 일을 쓰고 실천하도록 하였다.

❺ 1,2차 평화 · 인권 프로젝트를 실시 한 후, 각자의 프로젝트를 발표하여 친구들과 과제 내용을 공유하였으며, 이어서 우리나라 청소년의 고민거리나 문화를 찾고 청소년의 역할에 대해 생각해 보는 '청소년 문화 보고서' 작성을 하여 친구들과 공유하는 시간을 가졌다.

기아 및 국제적 불평등

◎ 선택한 주제

지구공동체가 처한 문제- 기아 및 국제적 불평등의 문제

◎ 과제 수행기간: 2018.8.24. ~ 2018.9.10.

나의 주제와 관련하여 인권이 중요한 이유는 평화의 소극적 의미는 평화를 앗아가는 전쟁이나 폭력이 없는 상태이고, 평화의 적극적 의미는 평화로운 삶을 방해하는 원인을 제거하여 평화를 만들어가는 상태이다. 인권은 인간이 인간답게 살아가기 위해 보장되어야 할 기본적인 권리를 말한다. 지구 공동체에 기아 문제가 없고, 국제적 불평등이 없을 때 인권이 보장되고 평화가 있을 것이다. 그렇기에 인권이 중요하다.

◎ 주제와 관련하여 평화·인권을 실천한 업적이나 활동

1. 한국 국제 협력단 해외 봉사단

2. 물 부족 문제를 극복하기 위해 노력하는 유엔

3. 인도주의를 실천하는 국경없는 의사회

4. 전쟁이나 재해로 인한 지역에 식량 및 구호, 의료지원을 하는 적십자사

이처럼 평화적인 사례가 있다면 평화적이지 못한 상황도 있다. 평화적이지 못한 상황은 아프리카, 남아시아, 라틴 아메리카 지역에 사는 많은 사람들은 하루 1인당 2100원 이하로 힘들게 생활하고 있으며, 어린이 노동 착취, 삼림 파괴와 유전자 변형 농산물 생산 등과 같은 열약한 노동 환경 문

제가 나타나고 있다.

이외에 최근 주요 선진국은 중산층 비중이 점차 감소하고 빈곤층이 증가하는 양극화 현상이 심해지고 있다.

이러한 일이 일어나는 이유는 역사적 경험, 부정 부패한 정부, 개발도상국의 성장과 소비를 추구하는 세계화의 영향, 세계 경제의 구조적 원인 등과 같은 여러 가지 이유로 평화롭지 못한 상황이 일어난다.

지구 공동체가 처한 문제를 개선할 해결방안으로는 사회적 차원에선 국제 문제로 대두되고 있는 빈곤과 기아문제 실태를 짚어보며 많은 이들에게 의료지원을 해주고, 기아문제에 대한 지속 가능한 개발 목표를 실현하기 위한 방안을 알아본다. 또 국제기구의 계속적인 노력과 농사를 지을 수 있도록 농사법을 가르쳐 준다.

우리 나라의 평화나 인권을 실천한 사례로는 한국 국제 협력단의 해외 봉사단이 개발도상국에 파견되어 보건 의료, 컴퓨터나 자동차 정비 등을 가르쳐 주고 있는 경우이다.

개인적 차원으로 노력해야 할 것은 지구상에 빈곤이 존재한다는 것에 각자 책임감을 가져야 할 것이다.

평화나 인권을 위한 다짐으로 나는 지구상에 빈곤이 존재한다는 것에 대해 책임을 느끼고, 문제 해결을 위해 관심을 가지고 세상을 바라보며, 생활 속의 실천으로는 음식물을 버리거나 남기지 않도록 노력 할 것입니다.

　토론 후, 학생들이 토론 한 논제에 대해 논술문이든, 생활 글쓰기이든 그림으로 표현하든 정리하는 시간을 갖는 것은 학생들이 토론 논제에 대해 자기 생각을 종합적으로 정리 및 평가 할 수 있는 기회가 된다. 그래서 토론을 마치면 논제에 대해 논술문 쓰기를 하여 수행 평가 영역 중 논술 평가로 반영하고, 비쥬얼씽킹으로 표현하거나 자신의 입장을 정리하는 글을 써서 서로 발표하는 시간을 갖는 것이 필요하다.

　'논술(論述)'은 사전적으로 풀이하면 '논리적인 서술 혹은 기술(description)'이다 '논술'을 이해하기 위해서는 그것의 몇 가지 중요한 특징들을 밝힐 필요가 있다. [26]

　우선, 논술은 주장을 정당화시키기 위해 적절한 근거를 제시해야 하는 논리적인 글이다. 여기서 '논리'란 주장과 근거 사이에서 성립하는 관계이다. 어떤 글 혹은 문맥이 논리적이라 함은 그 안의 근거로부터 주장이 필연적으로 혹은 개연적으로 도출된다. 다시 말해서 주장을 옹호하기 위해 제시된 근거가 적절함을 뜻한다.

　두 번째로 논술은 이성적, 논리적 설득이라는 의사소통 양식이다. 관심과 욕구가 다양한 개인들, 사회 집단들 사이의 의견을 조정하고 수렴하기는 여간 어렵지 않다. 민주주의를 이념으로 하는 현대 공동체 사회에서 구성원들이 당면한 문제에 대한 인식을 함께하고 그 해결 방법이나 방향에 대해 합의를 이끌어 내어야 한다. 그러려면 구성원들 각자가 합리적인 사

---

26) 서울시교육청, 중학교 논술지도 길라잡이, 경인정보문화사, 2007, 11쪽.

고를 바탕으로 자신의 견해를 조리 있게 발표할 수 있어야 하고, 다른 사람의 견해를 합리적인 평가 기준에 의해서 수용할 수 있는 능력을 갖추어야 한다.

세 번째로 논술은 개인들이 능동적이고 주체적으로 삶을 영위하는 데 기여한다. 개인들의 삶 속에서 부딪치는 여러 문제와 공동체의 문제들에 직면했을 때 자신들의 가치관에 기초하여 문제를 바라보고, 그 해결을 주체적 방식으로 모색할 수밖에 없다. 따라서 논술 행위는 각각 개인들의 자신과 공동체의 문제에 주체적으로 접근하여 합리적으로 해결하기 위해 반드시 필요한 학습 과정이자 실천 과정이다.

네 번째로 논술은 문제를 제시하고 또 이를 해결하는 과정이라는 점이다. 문제를 발견하고, 문제 상황과 문제의 원인을 객관적으로 분석함으로써 논리에 맞고 현실에 부합하는 해결책을 모색하여 이를 기술하는 과정이다. 따라서 논술은 객관적인 세계와 인간 삶의 문제들을 체계적으로 정리하여 그에 대한 창의적이고도 합리적인 해결을 모색할 수 있게 하며, 문제 극복의 전망까지 제시할 수 있게 만든다.

일반적으로 논술문을 작성 시에는 다음과 같은 단계를 거친다. [27)]

1) 논제를 파악한다.

   논제의 의미가 무엇인지, 출제자의 의도가 무엇인지를 파악한다.

2) 논제와 관련하여 여러 측면에서 생각해 본다.

   논제를 여러 측면 또는 관점에서 분석하고, 문제를 평가하거나 그 해결 방안을 생각해 본다. 탐구지의 질문에 대한 자신의 답변과 다른 사람들의 의견을 참고한다.

---

27) 조성민, 논리와 토론 · 논술, 교육과학사, 2009, 202쪽.

3) 자신의 입장을 세워보고, 주장하고자 하는 바를 한 문장으로 표현해
본다. 논제와 관련해서 자신은 어떤 주장을 할 것인지, 전 단계에서 생
각한 것을 바탕으로 하나의 주제문을 작성해 본다.

4) 주장을 뒷받침하는 적절한 근거들을 생각해 본다.
주장(주제문)을 뒷받침할 수 있는 근거들을 생각해 본 다음, 그들 중
가장 설득력 있다고 생각되는 근거들을 몇 개 선정한다.

5) 근거들이 논리적이며 유기적으로 연결될 수 있도록 배열한다.
선정한 근거들을 전체 논술의 맥락에서 유기적으로 연결되도록 순서
대로 배열한다. 각각의 근거는 한 문단의 핵심 문장(중심 문장)의 역
할을 한다.

6) 글의 개요를 작성한다.
핵심 문장을 중심으로 하여, 그것을 뒷받침하는 내용을 기술하면서 전
체 논술의 개요를 작성한다. 짧은 논술일 때는 생략한다.

7) 개요에 따라 글을 쓴다.
개요에 따라 핵심 문장(문단의 중심 문장)을 뒷받침하는 근거들을 제
시하면서 글을 완성한다. 한 문단 안에서는 하나의 핵심 문장을 중심
으로 내용이 전개되도록 한다. 문장들이 서로 논리적으로 잘 연결되
도록 신경을 쓴다.

8) 글 전체를 비판적 관점에서 검토하고 수정 · 보완한다.
완성된 전체의 글을 논술 평가 기준에 맞게 잘 구성했는지를 검토하
고, 부족한 점이 있으면 수정하거나 보완한다.

논술 지도는 체계적인 독서 교육과 풍부한 독서량, 체질화된 토론식 수업을 통한 비판적 사고와 논리적 표현력이 길러지도록 기본에 충실해야 하며, 교육과정 내에서 논술 교육이 이뤄질 수 있도록 학교의 여건과 특성에 맞게 지도하려는 다각적인 노력과 시도가 있어야 한다.

최효준은 『나를 넘어 세상을 바꾸는 다산의 글쓰기 전략』에서 글쓰기의 힘에 대해 다음과 같이 말했는데, 깊이 공감이 가는 말이라 소개해 본다.

글쓰기에는 변화의 힘이 깃들어 있다. 글쓰기가 다산의 인생을 바꾸고 다산의 글이 다른 사람과 세상을 바꾸었듯이 글쓰기는 우리의 인생을 변화시킬 것이고 우리의 글은 또 다른 누군가를 변화시킬 것이다. 쓰기는 변화다. 한 단계 더 높은 삶으로 변화하길 원하는 것은 우리 인간이 갖는 당연한 욕구이다. 한 차원 더 높은 삶을 살기 원한다면 나를 변화시키는 글쓰기를 시작해야 한다. 글쓰기는 우리의 인생을 다산과 같은 위대한 인생으로 만들어줄 것이다. [28]

글쓰기 능력은 문제 해결 능력이 된다. 문제 해결 능력은 인생을 살아가는 데 있어서도 필요한 능력이다. 따라서 글쓰기 능력은 인생을 살아가는 데 도움이 되는 능력인 셈이다. 글쓰기를 통해 기른 문제 해결 능력은 인생에서 만나는 문제들을 해결하는 능력이 된다. 인생에서의 문제 해결은 한 차원 더 높은 인생으로의 도약이다. 문제의 해결은 보다 가치 있는 삶으로의 방향 전환이다. 이러한 더 나은 인생으로의 도약과 전환을 돕는 것이 글쓰기이다. [29]

---

28) 최효준, 나를 넘어 세상을 바꾸는 다산의 글쓰기 전략, 글라이더, 46쪽.
29) 상게서, 48쪽.

수업 중 논술문이든, 짧은 생각이나 의견 쓰기이든 글쓰기 지도는 학생들의 깊이 있는 사고를 유발함으로써 교과 내용에 대한 폭넓은 이해력을 향상시키고, 자신과 주변 세계를 파악하는 데 큰 도움을 줄 수 있다.

학습을 위한 글쓰기의 효과에 관한 *Applebee*와 *Langer*의 연구(1987)에 의하면 글쓰기를 포함한 학습지도는 읽기와 기억하기 위주의 학습지도에 비해 높은 수준의 성취를 가져다주는 것으로 드러났다. 교과 학습의 과정에서 하게 되는 글쓰기 활동은 학생들에게 새로운 학습 과제나 어려운 학습 과제를 해결하는 데 있어서 잘 구조화된 지지대 혹은 비계의 역할을 하게 된다. 교과 학습 과정에서의 글쓰기 활동을 통하여 학생들은 학습 과제와 연관되는 정보와 전략을 내면화하고 장차 유사한 학습 과제를 해결하는 데 있어서 필수적으로 요구되는 개념과 기능들을 깊이 있게 학습하게 된다. 교과 학습의 과정에서 다양한 종류의 글쓰기 활동을 하게 되면 학생들은 서로 다른 유형의 정보에 초점을 맞추게 되고, 그러한 정보에 대하여 서로 다른 방식으로 사고하게 되며, 양적으로나 질적으로 매우 다양한 종류의 지식을 획득하게 된다. [30]

글쓰기 교육을 통하여 학생들은 자신이 이미 보유하고 있는 글쓰기 능력을 바탕으로 하여 새로운 글쓰기 능력을 인식하고 수용하고 가치를 부여하고 신장하고 확장해 나가게 된다. 글쓰기 교육을 통하여 학생들은 기능적 문식력과 비판적 문식력을 계발해 나간다. 학생들은 우리 사회 문화 공동체가 가치를 부여하고 인정하는 글쓰기 활동의 기본적인 관습을 이해

30) 박영목, 중등학교 글쓰기 교육의 새로운 방향, 한국작문협회, 2007. 7쪽.

하고 적용하는 법을 학습함과 아울러 자신과 타인의 언어 사용을 비판적
으로 분석하고 반추하는 법을 학습한다. [31)]

글쓰기 교육은 깊이 성찰하는 삶의 자세를 갖게 하고, 자기 생각을 논리적으로 정리할 수 있는 중요한 교육이라고 생각한다. 그래서 교과 관련 동영상 시청 후 소감문 쓰기, 다양한 체험 활동 후 소감문 쓰기, 토론 후 글쓰기 교육 등을 강조하고 있다. 또한, 글쓰기 교육의 일환으로 토론 후에 그 논제에 대해 자기 입장 변화를 적고, 발표하는 시간을 갖는데, 이러한 방법은 교과 내용을 사회나 삶의 문제와 관련시켜 이해하고, 정리하는 데 큰 도움이 준다. 다음은 1학년 한 학생이 '아픈 아내를 위해 약을 훔친 하인즈의 행동은 옳은가?' 라는 논제로 찬반 토론을 마친 후, 자신의 입장 변화에 대해 솔직하게 쓴 글이다. 순수하게 인간의 삶을 바라보는 모습이 예쁘게 느껴지는 글이다.

나는 '아픈 아내를 위해 약을 훔친 하인즈의 행동은 옳은가?' 라는 논제
에서 찬성 측을 했다. 토론 전에 처음 논제를 알았을 때는 찬성 측에 가까
웠고, 토론을 하기 전에는 찬성 측과 반대 측의 의견이 모두 옳다고 생각
을 했다.
그렇게 해서 처음에 찬성 측에 나의 생각이 가까워서 찬성 측이 되었다.
그리고 토론하기 전에 나는 토론에 어떻게 임할 지를 생각 했다. 토론에
임할 때는 차분하게 나의 생각을 정리해서 말하고, 토론에 집중을 하자고
다짐을 했다.

---

31) 상계논문, 4쪽.

'아픈 아내를 위해 약을 훔친 하인즈의 행동은 옳은가?'에 대해 찬성하는 입장의 이유와 근거는 첫 번째, 하인즈는 옆에서 죽어가는 아내를 살리고 싶은 마음이 크기 때문이다. 옆에서 아내가 죽어 가는데 아내를 살릴 수 있는 방법이 있는데 돈 때문에 아내를 살리지 못하고 죽어가는 모습을 지켜보고 있는 자신에게 죄책감이 들기 때문이다.

두 번째, 저 시대에는 모금활동이 없었기 때문이다.
현재에는 TV에서 어려운 사람들 사례를 영상으로 만들어서 TV에서 방송을 한다. 그렇게 사람들은 그 영상을 보고 기부를 해서 돈이 모여서 어려운 사람에게 조금이나마 도움을 주기 위해서 모금활동을 한다.

세 번째, 아내가 죽으면 하인즈가 어떤 행동을 할지 모르기 때문이다. 실제로 장례식장 같은 곳에 가면 자신의 가족을 잃은 사람이 "나도 따라 갈거야." 라는 말을 하기 때문이다. 그러다가 진짜로 자신의 말을 행동으로 옮기는 경우가 생길수도 있기 때문이다.

토론 후에는 토론 전보다는 반대 측의 의견이 더 옳다는 생각이 들고, 우리 팀이 반대 측 보다 토론을 할 때 장난을 치면서 토론을 한 것 같아서 반대 측의 의견이 많이 옳다는 생각을 했다. 그리고 반대 측이 자신들의 생각을 잘 말한 것 같아서 반대 측에게 조금 더 설득이 된 것 같다.

2017년 지역교육청에서 공모한 '시민교과서를 활용한 학생 토론 교실 운영'에 참여하면서 실시한 내용을 정리해 보면 다음과 같다.

1. 개요

활동 영역	민주시민 ☑	통일시민 ☑	세계시민 ☑
활동 방법	교과 연계		
대상	중학교 1,3학년		

2. 활동목적

○ 도덕 교과와 '민주시민', '세계시민', '통일시민'교과서를 연계한 시민 윤리 의식 함양 및 교과 내용 심화

○ 토론을 통해 우리 사회 및 지구촌 문제에 관심 갖고, 사회 비판력 및 참여도를 키워 일상생활 속에서 세계 민주시민 자세 함양

3. 주요 활동 내용

○ 도덕 교과와 연계하여 시민교육('민주시민', '세계시민', '통일시민') 교과서에서 토론 논제를 조별 협의를 통해 발췌

○ 다양한 토론 방법을 통해 다른 사람의 말을 경청하고, 존중하는 민주 시민 의식 함양

○ 도덕 교과와 '민주시민', '세계시민', '통일시민' 교과서를 연계한 다양한 주제의 토론은 세계 민주시민의 자질 및 자세 강화

○ '민주시민', '세계시민', '통일시민' 내용과 관련 깊은 그림책으로 스토리텔링과 토론을 연계하여, 피라미드, 원탁 토론, 하브루타 토론, 브레인스토밍 등으로 수업을 하여 세계 민주시민으로서의 공감 능력 및 감수성 향상 교육 실시

○ 주제별 프로젝트 과제 수행 후 찬반 토론이나 피라미드 토론으로 심화 학습 실시

○ '민주시민'이나 '세계시민' 교과서에 있는 이야기를 토의 · 토론 전에 활용하여 학생들의 이해와 공감능력 향상 (말랄라 이야기, 소말리아 해적 이야기, 불편한 햄버거의 진실 등)

○ 학생 활동 중심 토론 수업 과정을 수행 평가 항목에 넣어 배움 중심의 수업 및 교수-학습-평가의 일체화를 꾀함

4. 차시별 세부 활동 내용

차시	월	활동 내용	비고
1~10 (10차시)	3 ~11	■ 주제별 찬반 토론 - 동물 실험, 인간의 자율성, 사형 제도, 지구공동체의 재난 원조, 폭력 방관자 문제	민주 시민 세계 시민
11~13 (3차시)	5	■ 좋은 리더의 모습에 대한 토론 - 관심 있는 대통령 후보 과제 수행 후, 개별 발표를 하고 피라미드 토론 실시	민주 시민
14~19 (6차시)	5~6	■ 5월 말~ 6월 초 : 통일교육주간 운영 ■ 평화와 통일 관계 주장하기 문장 만들기 (주장, 이유, 근거) - 개별 활동 후 조별 활동 ■ 통일의 필요성에 대한 토론 - 통일 한반도의 모습을 개별 및 조별 활동으로 살펴 본 후 프로콘 토론 ■ 소수자 우대 제도 프로콘 토론	통일 시민 민주 시민
20~25 (6차시)	5~8	■ 평화·인권 프로젝트 피라미드 토론 - 평화·인권 프로젝트 과제1,2 수행 → 개별 발표 → 주제 선정 후 피라미드 토론	세계 시민
26~27 (2차시)	9	■ 모의 국제 연합 총회 - 지구촌 에너지 문제 해결 방안은?(1학년) 북한 핵 문제를 어떻게 할 것인가?(3학년)	세계 시민
28~37 (10차시)	9 ~11	■ 공정 무역, 기후 난민, 지속 가능한 발전, 기아 문제, 생명 존중 및 동물 학대 등 토의·토론 - 그림책과 스토리 활용 원탁 토론, 조별 토의, 브레인스토밍 실시	민주 시민 세계 시민
38~40 (3차시)	11	■ 도덕 '삶과 죽음은 나에게 어떤 의미일까?' 단원과 민주시민 '더 나은 삶을 위하여' 단원을 연계하여 찬반 원탁 토론 실시 - '베이비박스를 확대해야 한다.'라는 주제로 관련 동영상 시청, 개인별 개요서 작성 후 토론 실시	민주 시민

5. 수업 활동 사례

(도덕)과 (1)학년 교수 학습 지도안

단원명	Ⅲ. 1. (2) 사회적 약자의 고통과 불행을 어떻게 줄일까?
성취기준	인간 존엄성과 인권의 보편성을 명확하게 인식하고, 사회적 약자의 고통과 불행에 대한 공감을 바탕으로 소외받는 이에 대한 보호와 양성 평등을 구체적으로 실천할 수 있다.
학습 목표	사회적 약자의 고통과 불행에 공감하고, 이를 해결하려는 태도를 지닌다.
과정	교수 – 학습 활동
도입 (3분)	■ 인사 및 출석 확인 ■ 개인별 토론 기초 자료서가 준비 되었는지 확인 ■ 토론 활동지 배부
전개 (37분)	1) 학습 목표 제시 　 - PPT 자료를 보며 학습 목표를 다 함께 소리 내어 읽기 2) 소수자의 의미 질문 　 - 소수자 의미 발표 3) 소수자 우대 제도란? (발표 후 PPT로 확인) 　 - 소수자 우대제도의 의미와 종류 발표 4) 프로콘 토론 * 논제 : '소수자 우대제도는 필요한가?' * 정해진 순서에 따라 토론을 진행 　 옆짝꿍과 합의하여 이유(근거) 찾기 → 앞뒤 4명이 토론 　 → 역할 교환 → 합의 시간 → 4명이 토론 → 모둠 결론 * 모둠 결론 발표
정리 및 평가 (5분)	1) 토론에 대해 전체적으로 평가하기 * 토론에 대한 평가를 작성하도록 지도 　 - 학생들 각자 자신의 평가지를 보고 토론 과정에 대해 자유롭게 　　 소감 발표하기(1~ 2명) 2) 토론에 대한 교사 총평 * 토론 과정에서 잘한 점이나 아쉬웠던 점을 말하고, 빠뜨린 부분을 정리함. * 수업에 대한 전체적인 총평
차시예고	* 다음 수업시간 과제 확인 　 - '소수자 우대제도는 필요한가?'논술

6. 교과 연계 민주시민교육 토의 · 토론주제

활동 주제	활동 내용	비고
동물실험은 필요한가?	생명 존중	찬반 토론
사형제도는 폐지되어야 하는가?	인권, 생명존중	찬반 토론
소수자 우대제도는 확대되어야 하는가?	인권, 다문화	프로콘 토론
폭력의 방관자도 처벌되어야 하는가?	정의, 연대	찬반 토론
좋은 리더의 모습은 어떠한가?	선거	피라미드 토론
우리나라도 의무투표제를 실시해야 하는가?	선거	찬반 토론 원탁 토론
'소셜미디어는 민주주의에 약인가, 독인가?'	미디어	찬반 토론
통일은 필요한가?	통일	프로콘 토론
베이비박스는 필요한가(확대되어야 하는가)?	인권	원탁 토론
공익제보자 보호 방안은 무엇인가?	연대	토의
투명한 사회를 위한 시민의 자세는 무엇인가?	정의, 연대	토의

PART 4
민주시민교육의 실제 Ⅱ
– 더불어 살아가는 지구공동체를 희망하며

Ⅳ 민주시민교육의 실제 Ⅱ

民주시민교육 실천과제

민주시민교육 1 – '정의'
'인권 감수성 프로젝트'로 평등하고, 정의로운 세상 만들기

- 편견과 차별 극복으로 다양성 존중하기
- 지구촌의 인권 문제 탐색하기
- 사회 참여는 민주시민의 기본!
- 평화 놀이로 배려와 존중 실천하기

민주시민교육 2 – '평화'
'평화 교육 프로젝트'로 평화 감수성을 기르고, 평화 수호자 되기

- 통일 교육으로 평화 통일에 대한 비전 키우기
- 생명 존중 교육으로 생명의 존엄성 실천하기
- 자연 감수성 교육으로 생태학적 관점 지니기
- 평화 토론 수업으로 민주 시민의 역량 기르기

민주시민교육 3 – '연대'

'공감 능력 향상 프로젝트'로 세계 민주시민으로서의 연대 의식 갖기

■ 도덕적 상상력 향상으로 지구공동체에 대한 공감 능력 높이기

■ 지구공동체가 함께 해결할 과제 찾기

■ 미래 세대를 위한 지속가능한 발전 추구하기

■ 시민교육 교과서 활용 토론 수업으로 세계 민주시민 되기

〈실천 과제별 계획〉

실천 과제	세부 실천 내용	지도 내용	지도 시기
인권 감수성 – 정의	소수자 우대 제도 보장하기	적극적 우대 조치로 평등 보장	5월
	우리 사회의 인권 의식 살펴보기		6월 11월
	장애이해교육으로 편견 버리기		9월 11월
	우리 사회의 인권 문제 탐색하기	지구촌의 인권 문제 탐색	4월
	지구촌의 인권 문제 탐색하기		6월
	지구촌의 폭력적인 상황 고발하기		연중
	청소년으로서 사회 참여 방안 찾기	사회 참여는 민주시민의 기본	4~5월
	바람직한 지도자와 이상적인 국가의 모습 살펴보기		5월

인권 감수성 - 정의	학교 행사에서 주인공으로 서기	사회 참여는 민주시 민의 기본	연중
	당신의 이웃을 사랑하십니까?	평화놀이로 배려와 존중 실천	연중
	누가 꼭두각시일까요?		
	계란 후라이가 되어요.		
평화 교육 - 평화	평화 강연으로 통일 의지 다지기	통일에 대한 비전 키 우기	7월
	통일 한국의 비전 그려보기		5~ 6월
	토론과 논술로 평화 통일에 다가가기		6월
	다른 존재의 입장 되어 보기	생명 존엄성 실천하기	8월
	생명의 소중함 알고 실천하기		9월
	동물권 보장을 생활화하기		10월
	텃밭 생태체험 하기	생태학적 관점 갖기	연중
	교육공동체가 함께하는 시화전 열기		10월
	자연 속에서 참된 나와 만나기		연중
	토론으로 생각의 힘 키우기	민주 시민의 역량 기르기	연중
	찬반 토론으로 역지사지의 자세 갖기		
	평화·인권 프로젝트 토론으로 지구 촌의 평화 문제에 관심 갖기		

공감 능력 향상 – 연대	이미지 메이킹으로 나의 꿈 설계하기	지구공동체에 대한 공감 능력 높이기	3월
	비폭력 대화로 평화적 의사소통 생활화하기		연중
	적극적 경청과 공감으로 개방적인 자세 갖기		
	우리가 국제 연합 총회를 개최 한다면?	지구공동체의 해결할 과제 탐색	9월
	전쟁은 정당화 될 수 있는가?		10월
	지구공동체의 재난 원조를 확대해야 하는가?		9월
	기후 변화를 줄이는 방법 찾기	지속가능한 발전 추구	9월
	공정 무역을 바로 알고 참여하기		10월
	절대 빈곤 퇴치를 위해 노력하기		
	교과와 시민교육 교과서 연계하기	세계 민주시민 되기	연중
	프리즘 카드로 국제사회 문제점 엿보기		12월
	평화·인권 프로젝트 수업으로 세계 민주시민의 도덕성 키우기		7~ 8월

'인권 감수성 프로젝트'로 평등하고, 정의로운 세상 만들기

1. 편견과 차별 극복으로 다양성 존중하기 2. 지구촌의 인권문제 탐색하기 3. 사회 참여는 민주 시민의 기본! 4. 평화 놀이로 배려와 존중 실천하기	지구촌의 인권 문제에 관심 갖고, 평등하고 정의로운 세상으로의 변화에 참여하기

1 편견과 차별 극복으로 다양성 존중하기

가. 소수자 우대 제도 보장하기

목적 | 소수자와 비소수자의 입장이 되어 봄으로써 그들의 삶을 이해하고, 소수자 우대 제도의 필요성을 알 수 있다.

방법 & 활동 내용

❶ 토론을 실시하기 전, 첫 시간에 조사해 온 자료나 스마트폰을 이용하여 소수자의 의미와 소수자 우대 제도에 대해 기초 자료 조사 정리를 한다.

❷ 토론 기초 조사 활동지를 바탕으로 상대방의 입장을 바꾸어 생각해 볼 수 있는 프로콘 토론 활동지를 배부하고 토론을 실시한다.

❸ 프로콘 토론 활동 순서는 어깨 짝과 함께 합의 시간을 통해 이유(근거) 찾기 → 4명이 토론 → 역할교환 → 합의 시간 갖기 → 4명이 토론 → 모둠결론 → 모둠결론 칠판에 부착 후 발표순으로 한다.

❹ 토론을 마무리하면서 토론 활동에 대해 소감 발표를 통해 수업 활동을 평가 한다.

소수자 우대 제도 토론 기초 자료

( )학년 ( )반 이름 ( )

◪ 소수자 우대 제도란

소수자 :

소수자 우대 제도의 의미 :

소수자 우대 제도의 종류 :

◪ 소수자 우대제도의 장단점

장점	단점

◪ 나의 의견 (좋은 대안 제시)

<프로콘 토론 기초 자료 활동지>

년 월 일	학년 반	모둠	모둠원 : 이끔이( ), 기록이( ), 챙김이( ), 나눔이( )

주제 : 소수자 우대제도는 필요한가?

입장	이름	1차 토론 (이유와 근거 찾기)	이름	2차 토론 – 역할 교환 (이유와 근거 찾기)	하나로 모아지 는 모둠 토론 결론 (대안) 정리 발표
소수자우대제도는필요하다		■ ■		■ ■	■
소수자우대제도는필요하지않다		■ ■		■ ■	■

★ 평가 (잘한 점/ 아쉬운 점, 소감 등) :

★ 방법 : 어깨짝과 함께 합의 시간을 통해 이유(근거) 찾기

→ 4명이 토론 → 역할교환 → 합의 시간 갖기 → 4명이 토론

→ 모둠결론 → 모둠 결론 칠판에 부착 후 발표

<프로콘 토론 활동지>

☀️ 소수자의 삶에 대해 관심을 갖고 살펴보게 되었으며, 소수자에 대한 인식 전환과 그들에 대한 편견을 깨고, 우리 사회에서 소수자 우대 제도의 문제점이나 보안해야 할 점에 대해 생각해 보는 시간이 되었다.

☀️ 사회 제도적 측면에서 소수자와 비소수자 양쪽의 입장이 되어 봄으로써 쌍방의 주장에 대한 이해의 폭이 넓어졌다.

나. 우리 사회의 인권 의식 살펴보기

목적 | 베이비박스 확대에 대한 찬반 원탁 토론과 인권 논술 글짓기를 함으로써 우리 사회의 인권 의식을 점검해 본다.

방법 & 활동 내용

❶ 1학년 『도덕』 교과서의 '삶과 죽음은 나에게 어떤 의미일까?' 단원과 경기도교육청에서 펴낸 『민주시민』교과서의 '더 나은 삶을 위하여' 단원을 연계하여 모성 보호와 아이를 낳아 기를 수 있는 환경 조성과 관련된 출산 장려 정책에 대해 전체적으로 다 같이 살펴본다.

❷ 위 두 단원과 관련하여 '베이비 박스' 에 대해 주제를 협의하여 '베이비 박스를 확대해야 한다.' 라는 토론 논제를 선정했다.

❸ 이 논제는 학생들이 일반적인 대립형의 찬반 토론으로 하기 어렵다고 하여 원탁형 찬반 토론으로 진행하기로 하고, 조별 개요서를 각자 작성하고, 공개 수업을 실시했다.

❹ 토론은 '입론 - 2차 발언 - 3차 발언 - 최종 발언 - 소감 발표'순으로
했다.

❺ 토론 후, 다음 시간에는 앞 단원에서 배운 소수자 우대 제도와 관련
지어 인권 논술 글짓기를 실시하여 수행평가에 반영했다. 베이비 박
스 문제나 소수자 우대 제도를 우리 사회의 생명 존중 및 인간 존엄성
측면에서 접근하여 살펴보도록 했다.

찬반 원탁 토론 활동 시 유의할 점

- 순서와 시간 지키기
- 상대방의 입장 잘 경청하고 말하기
- 토론자는 토론 활동지에 핵심 문장만 간단히 메모하고 토론에 집중하기
- 한 회차에서는 1회만 발언하기

찬반 원탁 토론 순서

논제 : 베이비박스를 확대해야 한다.

토론 과정	방법	시간(분)
입론(1차 발언)	전원 다 참여. 자신의 의견과 입장 (주장-이유-근거)	2분
2차 발언	희망자만 참여. 반박과 질문	2분
3차 발언	희망자만 참여. 답변과 재반론, 보다 구체적인 이유와 근거, 사례와 증거 제시	2분
최종 발언	전원 다 참여, 자신의 입장을 최종적으로 정리	1분
소감 나누기	희망자만 참여, 토론 평가 및 소감 나누기	1분
진행자는 시간 관계상 토론 발언을 제한할 수 있으니 양해해 주세요		

〈찬반 원탁 토론 활동 시 유의할 점 및 순서〉

평등과 공정성을 보여주는 원탁 토론

논쟁형 원탁토론(45분 수업 기준)

○ 구체적인 논제를 가지고 찬반을 말하는 토론이다.

- 논제(논쟁의 주제)의 예 : "학교폭력 사실은 생활기록부에 기재해야
  한다."

○ 6~10명 내외로 구성한다.

○ 발언 순서는 특별히 정해져 있지 않지만, 발언 횟수와 시간은 모든 토
  론자에게 똑같이 적용한다.

○ 발언이 보통 3~4회 차로 진행되고, 매회 차 주어진 시간 안에서 한 번
  만 발언한다.

○ 발언 순서

1) 처음 만난 사람일 경우는 30초 정도의 자기 소개 시간을 갖는다.

2) 1차 발언(3분) : 입론 ▶ 의무적으로 하고, 자신의 의견과 입장(주장-
   이유-근거)을 밝힌다. 반박은 하지 않고, 발언 순서는 자유롭게 하되,
   안될 때 사회자가 지명 가능하다.

3) 2차 발언(2분) : 반박과 질문 단계로 희망자만 해도 된다. 여러 명에게
   반박과 질문을 할 수 있으나, 몇 명에게 하든 정해진 시간은 준수한다.

- 전체적인 소통을 방해할 우려가 있기 때문에 반대 신문이나 즉문 즉답
  은 피하는 것이 좋다. 꼭 반대 신문을 해야 할 경우는 자신에게 주어진
  발언 시간 내에서 할 수 있고, 질문자가 답변자의 발언을 더 이상 듣고
  싶지 않을 때는 중지시킬 수 있다.

4) 3차 발언(2분) : 답변과 재발론 단계로 의무발언이나 상황에 따라 희
   망자만 해도 무방하다. 2차 발언에서 토론자들이 제기한 반박에 대해

재반론하고, 질문에 답하는 단계이다. 보다 구체적인 이유와 근거, 사례와 증거를 제시한다.

5) 정리 발언 (1분) : 자신의 입장을 최종적으로 정리하는 단계로 1차 발언의 내용을 좀 더 핵심만 간추려 효과적으로 발언한다. 느낀 소감을 이야기해도 무방하다.

토의형 원탁토론 : 토의 → 논쟁 → 토의

○ 거시적 의제로 출발하더라도 토론의 과정에서 논의가 예각화되고 심화되는 토론이다.

- 의제(토의의 주제)의 예 : "학교 폭력, 어떻게 줄일 것인가?"

○ 찬반이 갈려 논쟁을 벌이다 쟁점을 정리하고 다시 토의로 간다.

○ 발언 순서는 모두 발언, 2차~7차 발언, 마무리 발언 순으로 한다.

○ 발언 횟수는 시간에 따라 정할 수 있다.

1) 1차는 모두 발언으로, 모두 한 번씩 발언하며 의무적으로 한다.

- 다른 사람은 경청과 메모만 가능하다.

2) 2차, 3차, 4차.....7차 발언, 한 번 차수에는 한 번만 발언하는 것이 원칙이다.

- 희망자에 한해 발언하고 다른 사람이 발언하는 도중 적당히 끼어들 수도 있고, 질문을 하거나 답변을 할 수도 있다. 논쟁이 붙기도 한다.

- 한 차수에는 한 번만 발언해야 한다는 원칙을 지키면, 구성원 모두에게 골고루 발언 기회가 주어지므로 사회자의 역할이 중요하다.

- 예 : "2차 발언 더 하실 분 없으십니까? A가 3차 발언을 하려고 합니다." 혹은, "자 그럼 차수를 바꿀까요? C와 D 두 분이 발언을 못하셨는데,

2차 발언을 종결하고, 3차 발언으로 들어가겠습니다."

3) 마무리 발언 : 의무적으로 하며, 모두 한 번씩 발언하되, 끼어들지 말고, 경청만 하도록 한다.

- 남들이 하지 않은 자기만의 생각을 정리해 발언한다.(다른 말, 빠진 말, 보다 깊이 있는 말, 이제까지 나왔던 말 중 가장 중요한 말, 전혀 새로운 말)

찬반 원탁토론 개인별 개요서

토론자		( )학년 ( )번 이름( )
사회자		
논제		
	입장	찬성 ( ) 반대( )
1차 발언 (자신의 입 장, 2분)	주장	
	이유	
	근거 (사례)	
2차 발언 (질문 및 반론, 2분)	질문	
	반론	
3차 발언 (재반론 및 답변, 2분)		
최종 발언 (1분)		

찬반 원탁토론 활동지

학년   반   번 이름 : (   )

◎ 토론 주제 : 베이비박스를 확대해야 한다.

◎ 생각 열기 ▶ 토론 주제에 대한 자신의 입장(주장-이유-근
거)을 개요서를 보면서 생각해 봅시다.

◎ 생각나누기 ▶ 각 패널들의 주장과 그에 대한 질문 및 반론
을 듣고 적어 봅시다.

패널		1차 발언 (입론) - 2분	2차 발언 (질문 & 반론) - 2분
찬성	①		
	②		
	③		
	④		
	⑤		
반대	①		
	②		
	③		
	④		
	⑤		

패널		1차 발언 (입론) - 2분	2차 발언 (질문 & 반론) - 2분
찬성	①		
	②		
	③		
	④		
	⑤		
반대	①		
	②		
	③		
	④		
	⑤		

◎ 생각 정리하기 ▶ 토론 후 주제에 대한 소감을 쓰고 발표해
봅시다.

활동 후 모습

☀️ 개인적 측면에서 성에 대한 책임 의식, 생명의 존엄성에 대한 인식 등이 얼마나 중요한 지 깨닫게 되었으며, 우리 사회가 시회 복지 면에서 아이를 낳아 잘 기를 수 있는 환경적 조성이 부족하다는 것을 인식할 수 있었다.

☀️ 소수자나 미혼모(부)들에 대한 편견을 버리는 것이 필요하고, 이들에 대한 지속적인 지원 정책이 마련되어야 한다는 것에 공감할 수 있었다.

다. 장애이해교육으로 편견 버리기

목적 | 다양한 장애이해교육에 참여함으로써, 장애인과 더불어 살아가는 삶의 자세를 지닌다.

방법 & 활동 내용

❶ 장애이해교육 전문 강사 선생님으로부터 강연을 들은 후, 교과 시간에 장애인에 대한 편견과 차별을 없애기 위한 조별 써클맵 활동을 하고 다 같이 빙 둘러 앉아 소감 나누기를 했다.

❷ 창의적 체험활동 시간에 장애 시설에 계신 분들을 학교로 초대하여 학생들과 1:1로 천연 비누 만들기 활동을 하고, 학교 곳곳을 안내하며 둘러보는 시간을 가졌다.

❸ 교과 시간에 ❷의 활동에 대한 소감 쓰기 및 발표 하는 시간을 함께 가졌다.

비누 만들기 & 학교 탐방 안내 활동을 하고 나서

장애인이라고 생각하면 보통 도움을 받아야 하는 사람 또는 도움이 없으면 못 다니는 사람이라고 생각했었는데, 직접 비누 만들기를 해 보니, 도움을 주는 것이 아닌 똑 같은 사람으로서 같이 하는 거라는 생각이 들었다.

비누를 만들 때 처음에는 말 걸기가 힘들었지만 하다 보니 '삼촌'이라고 부르게 되고, 같이 놀 수 있어서 좋았다. 학교 탐방 안내를 하며 교실에서 책을 보여 드리니까 국어책의 밑줄 친 부분을 읽는 것을 보고, 우리와 똑 같다는 것을 새삼 느꼈다.

(학생 글)

비누 만들기 & 학교 탐방 안내 활동을 하고 나서

장애인 분들과 같이 비누를 만들면서 정말 즐거웠고 비누를 만들 때 함께 하면서 서로 돕고 도움을 받으며 예쁜 비누를 만들었다. 비누 만들기를 끝내고 장애인 분들과 같이 학교 운동장을 산책하고 학교 텃밭을 소개해 드렸다.

그리고 학교 건물로 들어와 우리 반 책상과 의자를 보시고 좋아하셔서 우리 책상에 한참 앉아 계셨다. 마지막으로 장애인 분들과 우리 전교생이 다 같이 사진 촬영도 하고, 우리가 준비한 선물도 드렸다. 그래서 정말 뿌듯하고 기뻤다. 다음에도 학교에서 이런 봉사활동을 많이 하였으면 좋겠다.

(학생 글)

서클맵 예

 장애인에 대한 편견이나 차별에 대해 모둠 내에서 브레인스토밍으로 다양하게 말하게 한다.
 그 중 한 가지를 선택하여 서클맵의 자기 칸에 적게 하는데 이때 서로 다른 색 사인펜으로 앉은 위치에서 작성하게 한다.
 개인적으로 노력해야 할 점과 국가 사회적으로 노력해야 할 점을 작성하고 여백에는 그 내용과 관련 있는 그림을 그리게 한다.

 우리 사회에서 장애인에 대한 편견이나 차별로 나타나는 문제점을 찾아보고, 이를 해결하기 위한 노력에 대해 토론한 내용을 적어 봅시다.

서클맵 그리는 방법

❶ 모둠원이 각각 다른 색의 볼펜이나 사인펜을 준비합니다.

❷ 원에는 장애인에 대한 편견이나 차별을 자신의 칸에 적습니다.

❸ 바깥쪽에는 이를 해결하기 위해 필요한 노력을 개인적 차원과 사회적 차원으로 구분하여 적고 그와 관련한 그림을 간단하게 그립니다.

장애인에 대한 차별과 편견 버리기

( )학년 ( )반 이름 ( )

◎ 다 같이 써클맵 활동을 하고 소감 나누기

일상생활 속에서 장애인에 대한 편견이나 차별로 나타날 수 있
는 갈등을 예상해 보고, 이를 해결하기 위한 노력에 대해 토론한
내용을 적어 봅시다.

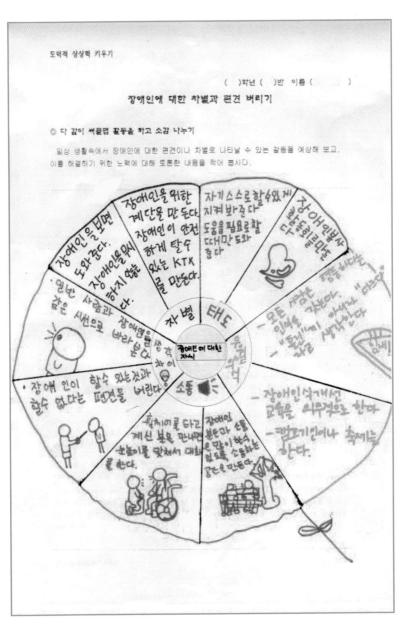

〈장애인에 대한 차별과 편견 써클맵 활동〉

활동 후 모습

☀ 장애이해교육 강연은 장애인에 대한 인식 개선의 계기가 되었으며, 교과 시간에 장애인에 대한 편견이나 차별로 나타날 수 있는 갈등을 예상해 보고, 이를 해결하기 위한 노력에 대해 조별 토론을 써클맵으로 표현하고, 서로의 생각을 공유하는 시간을 가졌다.

☀ 장애인들과 짝꿍을 이루어 서로 대화를 나누면서 비누 만들기도 하고, 학교 탐방 체험을 한 것은 장애인도 우리와 같다는 것을 느끼게 해 주었으며, 서로를 이해하고 함께하는 즐거운 시간이 되었다.

☀ 장애이해교육에 대한 써클맵 활동과 소감 나누기 활동 결과, 학생들은 장애인에 대한 차별과 편견을 버려야 한다는 공통된 이해도 갖게 되었고, 이러한 활동을 통해 삶과 연관된 진정한 배움을 경험하고 있다는 것을 인식하게 되었다.

2　지구촌의 인권 문제 탐색하기

가. 우리 사회의 인권 문제 탐색하기

목적 | 우리 사회에 나타나는 시급한 인권 문제의 문제점이나 대안을 토론을 통해 함께 찾아본다.

방법 & 활동 내용

❶ 1학년을 대상으로 한 달 정도의 시간을 갖고 우리 사회에서의 문제점을 찾아 주제별 평화 · 인권 프로젝트1을 각자 수행한다.

❷ 주제 선정은 도덕 교과와 시민 교육 교과서에서 평화 · 인권과 관련된 부분을 뽑아 주제 중복을 피하기 위하여 제비뽑기를 하였다. 이때 협의하여 주제를 선택하는 것도 좋은 방법이다.

❸ 프로젝트 과제 수행 완료 후, 과제 발표를 하여 서로 프로젝트 내용을 공유 하였다.

❹ 공유된 자료를 바탕으로 토론 논제를 정하고, 피라미드 토론으로 프로젝트 수업을 마무리 하였으며, 토론은 다음의 순서로 진행하였다.

논제	우리나라가 해결해야 할 시급한 인권 및 평화 과제는?
생각 열기	▶ 인권과 평화의 의미 ▶ 내가 맡은 평화·인권 프로젝트 과제
생각 나누기 (주장, 이유, 근거)	▶ 내가 생각하는 우리나라가 해결해야 할 가장 시급한 인권 및 평화 과제는? (2가지) / 주장-이유와 근거 ▶ 우리들이 생각하는 우리나라가 해결해야 할 가장 시급한 인권 및 평화 과제는? (1:1, 짝꿍, 3가지) → 우리조의 의견 (2:2, 4가지) → 우리반의 의견(4:4, 전체의견, 5가지)
생각 정리 하기	우리나라가 시급하게 해결해야 할 인권 및 평화 과제에 대한 생각 / 소감 나누기

❺ 토론 후 우리 사회에서의 폭력적 상황이 심각함을 인식하고, 생활 속에서 평화적 의사소통을 실천하기 위해 비폭력 대화, 나 전달법, 적극적 경청 활동을 실시했다.

평화·인권 프로젝트 I 수업

도덕 (   )학년 (   )반 이름 (   )

주제: _____

1. 과제 수행 기간 : 201. . . ~ 201. . .

2. 주제와 관련하여 평화적이지 못한 상황

　　- 내용 / 원인 (5가지)

3. 평화적 해결방안

　　- 개인적 측면에서의 해결방안 / 노력할 점(5가지)

　　- 사회적 측면에서의 해결방안 / 노력할 점(5가지)

4. 관련 사진 자료

5. 기타 (활동 후 소감이나 추가 내용)

<평화·인권 프로젝트 I 수업 활동지 내용 구성>

활동 후 모습

☀ 우리 사회의 평화·인권 문제에 대해 관심을 갖고 집중적으로 살펴보게 되었으며, 생활 속에서 평화적 의사소통의 중요성을 인식하고 실천하게 되었다.

☀ 프로젝트 과제 수행 후, 과제 내용에 대한 공유는 자신이 수행하지 않은 평화·인권 분야에 대한 이해를 도와주었으며, 평화·인권 문제에 대한 피라미드 토론은 자신의 주장을 친구들 의견과 접목시키고 우리 사회의 인권 문제에 대해 깊이 있게 생각해 보는 시간이 되었다.

나. 지구촌의 인권 문제 탐색하기

목적 | 지구촌에서 발생하는 시급한 인권 문제의 문제점이나 대안을 토론을 통해 함께 찾아본다.

방법 & 활동 내용

❶ 3학년을 대상으로 한 달 정도의 시간을 갖고 지구촌에서 발생하는 주제별 평화 · 인권 프로젝트1을 각자 수행한다. 프로젝트 과제 내용 체계는 앞의 1학년 것과 같다. 바뀐 내용은 1학년 보다 내용 심화를 위해 우리사회를 지구촌으로 바꾸어 실시했다. 1학년은 지구촌의 인권문제를 '말랄라 세상을 바꾼 아이' 라는 그림책을 읽고 하브루타 토론으로 가볍게 살펴보았다.

그림책 활용 하브루타 토론 순서

돌아가면서 친구들 앞에서 그림책 읽어 주기
→ 그림책 이야기를 듣고 함께 나누고 싶은 질문 만들기
→ 우리 조에서 (가장) 좋은 질문 찾기
→ 각 조에서 선정된 좋은 질문을 활동지에 다 같이 쓰고 짝꿍과 번갈아 가면서 질문에 답하면서 대화하기
→ 앞, 뒤, 대각선 친구 3명과 돌아가면서 그림책 내용 중에서 가장 중요하다고 생각하는 단어(가치)를 3가지 물어서 적고 이야기 나누기

---

❷ 주제 선정은 도덕 교과와 시민 교육 교과서에서 지구촌의 평화 · 인권과 관련된 부분을 뽑아서 주제 중복을 피하기 위하여 제비뽑기를 하였다.

❸ 프로젝트 과제 수행 완료 후, 조사해 온 과제를 발표함으로써 과제 공유를 하였다.

❹ 공유된 자료를 바탕으로 토론 논제를 정하고, 피라미드 토론으로 프로젝트 수업을 마무리 하였으며, 토론은 다음의 순서로 진행하였다.

논제	지구공동체가 해결해야 할 시급한 인권 및 평화 과제는?
생각 열기	▶ 인권과 평화의 의미 ▶ 내가 맡은 평화·인권 프로젝트 과제
생각 나누기 (주장, 이유, 근거)	▶ 내가 생각하는 지구공동체가 해결해야 할 가장 시급한 인권 및 평화 과제는? (2가지) / 주장-이유와 근거 ▶ 우리들이 생각하는 지구공동체가 해결해야 할 가장 시급한 인권 및 평화 과제는? 1:1 (짝궁, 3가지) → 우리조의 의견 (2:2, 4가지) → 우리 반의 의견 (4:4, 전체 의견, 5가지)
생각 정리 하기	지구공동체가 시급하게 해결해야 할 인권 및 평화 과제에 대한 생각 / 소감 나누기

❺ 프로젝트 과제 수행과 피라미드 토론을 마친 후, 지구촌에서 발생하는 폭력적 상황에 관심을 갖자는 의미에서 교과와 관련하여 '폭력 방관자도 가해자인가?' 라는 논제로 찬반 토론을 실시했다.

그림책 활용 하브루타 토론

책제목		날짜	2019. . .
작성자	학년 반 번 ( )	모둠	

[그림책 읽기]

그림책 내용을 잘 듣고 질문을 만들어 짝과 질문하고 대화하기

1. [개별활동] 그림책 이야기를 듣고 함께 나누고 싶은 질문 만들기

2. [모둠활동] 모둠원들의 질문을 보고 가장 좋은 질문을 찾아 적기
- 우리조에서 Best 질문을 만든 친구는?

3. [전체활동] 친구들의 질문을 순서대로 적고 짝과 함께 질문하고 대화
하면서 빈칸을 채우기. 먼저 A를 맡은 학생이 먼저 (홀수 문항)을 질
문하고, B가 대답, A도 자신의 생각을 말해보면서 적기. 다음에는 B가
(짝수 문항)을 질문하고 A가 답하기

질문	대화(A:)	대화(B:)
1)		
2)		
3)		
4)		
5)		

4. [인터뷰카드] 모둠의 친구들과 인터뷰하기
순서를 정해서 한명씩 말하고, 먼저 말한 친구가 말하지 않은 내용을
말해서 서로 다른 내용이 되도록 하기

- 그림책 내용 중에서 중요하다고 생각되는 단어(가치)를 3가지를 말하고 이야기 나누기

이름	어깨짝:	앞 또는 뒷짝:	대각선 짝:
가치			

활동 후 모습

☀(!) 지구촌에서 발생하는 비인권적인 상황에 관심을 갖고 파악하는 데 많은 도움이 되었으며, 지구촌 문제는 우리와 별개의 문제가 아니라는 것과 지구촌 사람들의 고통이나 아픔에 대해 공감하고 자신의 역할에 대해 생각해 보게 되었다.

☀(!) 타인의 고통이나 어려움을 알면서도 무관심하게 지나치는 것은 또 하나의 폭력이 될 수 있음을 생각해 보는 귀중한 시간이 되었다.

다. 지구촌의 폭력적인 상황 고발하기

목적 | 우리 사회를 포함하여 지구촌에서 일어나는 폭력적 상황에 관심을 갖고 스토리텔링으로 함께 공유한다.

방법 & 활동내용

❶ 신문이나 방송, 책 등에서 세계적으로 발생하고 있는 갈등 상황을 2주에 1회 정도 조사해 오거나 자신이 직간접적으로 경험한 사례를 평화 일지에 작성해 온다.

❷ 평화 일지 내용 구성은 다음과 같다.

평화 일지

( )학년 ( )반 이름 ( )

주제 _____

◎ 신문이나 방송, 책 등에서 세계적으로 발생하고 있는 갈등 상황이나 자신의 경험 찾기

1. 일시 :   월   일   요일

2. 갈등 상황이나 경험 내용 (관련 내용을 적거나 붙이기)

3. 나의 의견

4. 평화를 위한 다짐 및 내가 할 일

<평화 일지 내용 구성>

---

❸ 조사해 온 평화 일지를 수업 시작 전, 5분 정도 1~2명씩 이야기함으로써 서로 조사 해온 사례를 공유한다.

❹ 그 동안 탐색해 온 평화 · 인권 프로젝트에 초점을 맞추어 '평화 뮤직 비디오'를 조별로 제작하였다. 총 7차시를 할애하여 제작 하였으며, 평가계획에 따라 교과 수행 평가로도 반영하였다.

수업 진행 과정은 다음과 같이 하였다.

순서	내용	차시
①	평화 뮤직 비디오 오리엔테이션 (조 편성 및 역할 배분, 평가 기준, 하는 방법 및 유의할 점 안내) – 역할은 총감독, 진행 프로듀서, 촬영1(스토리 중심), 촬영2(NG나 진행과정), 노래 개사자 등으로 설정했다.	1차시
②	오프닝 화면, 본 화면, 엔딩 화면을 포함하여 40컷 이상의 스토리보드를 그림이나 글로 조별로 완성, 노래 개사도 같이 완성	2~3 차시
③	스토리보드에 따라 학교 내에서 촬영 및 노래 부르기	4~5 차시
④	컴퓨터실에서 편집	6차시
⑤	만든 작품을 다 함께 교실에서 발표회 및 소감 나누기	7차시

활동 후 모습

☀ 지구촌의 폭력적 상황이나 갈등 사례를 조사하여 친구들한테 발표함으로써 지구촌에서 발생하는 비인권적인 상황에 대한 관심이 늘어났으며, 평화적이지 못한 상황에서 자신의 역할에 대해 생각해보고, 평화를 실천하는 계기가 되었다.

☀ 평화 뮤직비디오 제작은 학생들의 평소 드러나지 않던 노래, 연기, 촬영 등에서 자신의 끼와 재능을 표출하는 좋은 기회로 작용하였다.

3 사회 참여는 민주 시민의 기본!

가. 청소년으로서 사회 참여 방안 찾기

목적 | 청소년으로서 주도적으로 사회 참여를 통해 더 나은 사회 변화에
기여할 수 있도록 한다.

방법 & 활동 내용

❶ 2017년 5월 대통령 선거를 앞두고, 사계절 방학을 이용하여 '내가 관심 있는 대통령 후보자는?' 활동으로 선거와 정치적 현황에 관심 갖고 참여하도록 하였다.

❷ 5월 사계절 방학을 마치고 첫 교과 시간에 과제 발표를 하여 서로 공유하고 다음 수업 시간의 '좋은 지도자의 기준'에 대한 토론 수업과 연결하였다.

❸ 대통령 선거 이후 3학년은 우리나라의 선거 투표율을 살펴보고, '우리나라도 의무투표제를 실시해야 한다.'라는 논제로 찬반 토론을 실시했다. 2017년에는 대통령 선거 후보자에 대해서 2018년도는 6.13 지방 선거 후보자에 대해서 수업을 진행했다.

❹ 청소년의 사회 참여 활동으로 교과와 관련하여 우리나라 청소년 문화를 조사하는 '청소년 문화 보고서' 작성과 청소년으로서 우리나라 문화를 지구촌에 소개하는 '자랑스러운 우리 문화유산 홍보 팜플렛' 만들기를 한 후, 수업 시간에 발표하고 학교 축제 때 전시하였다.

❺ '청소년 문화 보고서'와 '자랑스러운 우리 문화유산 홍보 팜플렛' 만들기는 사전에 보고서 만드는 방법에 대해 안내하여, 사진이나 자료

를 수업시간에 가져 오도록 하여 수업시간에 완성하고 발표를 통해 서로 공유하고, 평가 계획에 따라 수행 평가에 반영하였다.

❻ 세월호 5주기를 맞이하여 교실에 세월호 추모 시를 게시하여 학생들이 다시 한 번 생각해 볼 수 있도록 하고, '세월호 추모 행사'를 교과 시간과 연계하여 실시하였다. 학생들이 세월호 추모와 관련하여 A4 나 B4 용지를 자유롭게 선택하여 시나 산문, 그림 등으로 표현하고, 함께 둘러 앉아 자신이 뭘 나타내고자 하는지, 세월호 사안에 대한 자신의 생각이나 느낌을 서로 나눈다.

사회 참여는 민주 시민의 기본자세 입니다.

내가 관심 있는 대통령 후보자는?

(   )학년 (   )반 이름 (   )

1. 대통령 선거일 :   201 년   월   일

2. 내가 관심 있는 대통령 후보자는? (   )

  이유 :

3. 대통령 후보자들의 공약 탐색

 ☆ 실현 가능성이 높은 공약 5가지 (내용/이유)

 ☆ 실현 가능성이 약한 공약 5가지 (내용/이유)

4. 내가 관심 있는 대통령 후보자의 프랭카드, 홍보 자료

<내가 관심 있는 대통령 후보자는?>

사회 참여는 민주 시민의 기본자세 입니다.

청소년 문화 보고서
– 청소년기를 가치 있게 보내려면?

1. 청소년 문화의 의미를 사회적 현상과 관련하여 제시하였는가? (청소년 문화의 특징 및 문제점)

2. 청소년 문화를 바라보는 다양한 관점을 4가지 이상 제시하였는가?

3. 청소년 문화를 바라보는 다양한 관점 중 자신이 생각하는 청소년 문화의 입장을 타당한 이유를 들어 제시하였는가?

4. 다양한 청소년 문화를 나타내는 사진을 2장 이상 제시하였는가?

5. 청소년 문화를 자신의 진로나 진학과 연결하여 제시하였는가?

6. 바람직한 청소년 문화를 지니기 위한 국가적 차원의 해결 방안을 제시하였는가?

7. 바람직한 청소년 문화를 제시하고, 개인적 차원의 노력 방법을 구체적으로 제시했는가?

<청소년 문화 보고서 내용 및 평가기준>

활동 후 모습

☀ 학생들은 투표권이 없지만, 대통령이나 지방선거 후보자에 대해 관심 갖고 후보자의 정치적 공약, 도덕성 등을 알고자 하는 것은 국민의 권리이자 의무라는 것을 깨닫게 되었으며, 의무 투표제에 대한 찬반 토론을 통해 민주주의 사회에서 선거 참여의 중요성을 인식하게 되었다. 이런 활동은 선거에서 투표자들의 역할에 대해 다시 한 번 생각해 보는 좋은 기회가 되었다.

☀ 청소년 문화 탐구를 해 봄으로써 청소년들이 함께하고, 공유할 문화가 적고, 놀이 문화의 다양성이 부족하며, 청소년들이 주체적으로 만들어 갈 수 있는 문화가 적다는 것을 깨닫게 되었다.

☀ 지구촌 시대에 살아가면서 우리나라를 세계에 홍보할 수 있는 문화유산을 찾아보는 활동은 우리나라 문화의 우수성을 재인식하는 좋은 기회가 되었다.

☀ 게시된 세월호 추모 시를 읽음으로서 학생들은 세월호 사안에 대해 다시 한 번 생각해 보고, 자신들이 글이나 그림으로 세월호 추모 행사에 참여함으로써 세월호 희생자 및 유가족의 아픔을 공감하는 시간을 가졌다.

나. 바람직한 지도자와 이상적인 국가의 모습 살펴보기

목적 | '관심 있는 대통령 후보자에 대해 조사하기' 과제 발표에 이어 우리가 바라는 지도자상과 이상적인 국가의 모습에 대해 토론으로 함께 살펴본다.

방법 & 활동 내용

❶ '내가 관심 있는 대통령 후보자는?' 활동에 이어 새로운 대통령이 이런 지도자가 되었으면 하는 마음으로 '바람직한 지도자의 기준'에 대해 피라미드 토론으로 합의를 이끌어 냈다.

❷ 토론 방식은 옆 짝꿍과 1:1, 모둠별로 2:2, 전체 토론(4:4)을 실시했다.

❸ 토론 후 전체 의견을 공유하고, 자신이 바라는 지도자상과 관련하여 소감 나누기를 하였다.

❹ 바람직한 지도자의 기준에 대해 토론 후, 3학년은 개인과 국가의 관계를 생각해 보는 '국가는 국민의 자유를 더 많이 보장하기 위해 어떻게 해야 하는가?'라는 논제를 갖고 ❷와 같은 방식으로 피라미드 토론을 실시했다.

❺ 바람직한 지도자의 기준에 대해 토론 후, 1학년은 도덕 교과서 'Ⅱ.1.(3) 노인 공경이 필요한 이유는?' 단원과 관련하여 '우리나라 노인 문제 해결 방안은 무엇인가?'라는 주제를 가지고, 패널 원탁 토론으로 우리 사회의 나아갈 방향과 노인 복지 정책에 대해 살펴보았다.

피라미드 토론 활동

학년   반   번 이름 :

◎ 토론 주제 : 바람직한 리더란 어떤 모습일까?

◎ 생각 열기 ▶ 올바른 대통령 후보자의 모습

　　　　　　　 – 생각이나 태도 등

　　　　　　▶ 올바른 유권자의 태도와 역할

◎ 생각나누기 ▶ 내가 생각하는 좋은 리더의 모습은 어떤 모습

　　　　　　　일까? (주장 / 이유나 근거 제시)

　　　　　　▶ 우리들이 생각하는 좋은 리더의 모습은 어

　　　　　　　떤 모습일까?

　　　　　　1:1 → 2:2 → 4:4

◎ 생각 정리하기

　　　　　　▶ 바람직한 리더의 자세와 역할에 대한 자신의

　　　　　　　생각을 써서 발표하기

<바람직한 리더의 모습 내용 구성>

패널 원탁토론 활동지

학년   반   번 이름 :

◎ 토론 주제 : 우리나라 노인 문제 해결 방안은 무엇인가?
◎ 생각 열기 ▶ 토론 주제에 대한 자신의 입장(주장-이유 –
　　　근거)을 써 봅시다.

주장 :

이유 : 왜냐하면

근거 : 예를 들면

◎ 생각나누기 ▶ 각 패널들의 의견과 그에 대한 자유논평을
　　　듣고 적어 봅시다.

패널	주장	근거	자유논평
1			
2			
3			
4			

▶ 패널들에게 말하고 싶은 자신의 생각이나 궁금한 점을 써
봅시다.

패널(　　　) 에게	

◎ 생각 정리하기 ▶ 토론 후 주제에 대한 자신의 생각을 쓰고 발
　　　　　　　　　표해 봅시다.

우리 조의 주장 및 이유	
나의 생각	

<우리나라 노인문제 패널 원탁토론 활동지>

■ 국가와 개인의 관계

국가가 개인의 도 덕적 삶에 미치는 영향(사례제시)	
바람직한 국가의 모습 2가지 이상	
도덕적으로 바람 직한 국가를 위해 구성원들이 어떻 게 해야 하는가?	

☀️바람직한 리더의 기준으로 국민들 의견에 귀 기울이고 소통하며, 인간적인 따뜻한 면모를 갖춘 사람이며, 살기 좋은 국가가 되는 길은 국민, 지도자, 국가의 권력이 한 쪽으로 치우치지 않을 때 가능하고, 국민들의 기본적인 복지가 보장될 때 이루어 질 수 있음을 알 수 있었다.

☀️바람직한 국가는 국민의 자유를 최대한 존중하되, 국민들도 자신들의 자유만을 주장하는 것이 아니라, 자신의 역할이나 의무를 다 할 때 가능함을 깨닫게 되었다.

다. 학교 행사에서 주인공으로 서기

목적 | 학교 행사에 주인 의식을 갖고 적극적으로 참여하는 태도를 가짐으로써 민주사회를 이끌어 가는 주인공이 되도록 한다.

방법 & 활동 내용

1) 생일 잔치에서 서로 주인공으로 챙겨주기

❶ 학생자치회나 학급자치회 중심으로 창의적 체험활동 시간이나 조 · 종례 시간에 학생들이 모여 그 달에 생일을 맞은 친구들을 위해 생일잔치를 준비하여 다 같이 축하해 주는 행사를 한다.

❷ 행사 담당자는 미리 학생들한테 롤링페이퍼를 돌려 생일 축하의 말을 적도록 한 다음 코팅을 하여 행사 때 선물로 주고 함께 생일 축하 노래를 불러 준다. 축하 행사 후 준비한 과자나 케익을 나누어 먹고 준비한 선물도 같이 준다.

❸ 생일을 맞은 친구들은 앞에 나와서 생일 축하 행사 및 생일을 맞은 소감 및 감사의 말을 전달한다.

2) '또 하나의 가족' 행사에서 새로운 가족으로 우뚝 서기
❶ 소규모 도서 벽지 학교이다 보니, 교사 1인당 학생 2~3명 정도를 한 가족으로 묶을 수 있다.
❷ 이렇게 형성된 가족은 일 년 동안 '또 하나의 가족'으로 가족별 행사를 하게 된다. 행사로는 삼겹살 구워 먹기, 스포츠 경기하기, 가족 상담 주간 운영, 가족별 진로체험활동 등이 실시되었다.
❸ '또 하나의 가족' 중에 고민이 있거나 진로 상담이 필요할 시 담당 교사는 학교에서 '어머니', '아버지'의 마음으로 학생들과 함께 고민하고 해결방안을 찾는다.

○○야 생일 축하해!

사진	당신은 사랑받기 위해 태어난 사람! ○ ○ ○ (이름)
	2019학년도 학년 반

<생일 축하 롤링페이퍼>

활동 후 모습

☀️ 학생 자치회나 학급자치회 주관 생일잔치나 게임 진행은 진행자나 참여자 모두 학교 행사에 자발적으로 주인 의식을 갖고 참여하도록 하였다. 2017년에는 학생자치회 주관으로, 2019년에는 학급자치회 중심으로 운영했다.

☀️ '또 하나의 가족' 행사는 교사, 학생이 한 가족이 되어 고민을 함께 해결하며 학교생활을 재미있고 활기차게 할 수 있도록 하는 서로의 지지대 역할을 하였다.

4 평화 놀이로 배려와 존중 실천하기

가. 당신의 이웃을 사랑하십니까?

목적 | '당신의 이웃을 사랑하십니까?' 라는 평화 놀이로 서로 난처한 처지가 되어 봄으로써 상대방의 입장을 헤아려 볼 수 있다.

방법 & 활동 내용

❶ 수업을 마무리 하면서 책걸상을 사방 벽 쪽으로 밀고 교실 가운데 공간에서 놀이를 한다. 주로 토론 수업 한 팀을 끝냈을 때나 학생들의 기분이 축 쳐져 있는 오후 수업 때 실시했다. 놀이 종류에 따라 책상만 밀고, 의자에 빙 둘러 앉아서 해도 된다.

❷ 학급 친구들과 의자를 한 개 부족하게 두고, 빙 둘러 앉는다.

❸ 가운데 술래가 다니면서 "당신은 이웃을 사랑하십니까?"라고 질문을 한다.

❹ 질문 받은 사람이 "아니오"라고 하면 양 옆 두 사람이 자리 이동을 하고, 이 때 술래는 두 사람보다 먼저 앉으면, 앉지 못한 사람이 술래가 된다.

❺ 질문 받은 사람이 "예"라고 답하면, "어떤 이웃을 사랑하십니까?"하고 재차 묻는다. 이 때 "나는 ○○○한 이웃을 사랑합니다."라고 답하면 ○○○한 것에 속하는 사람들은 다 이동하여 빈자리에 앉아야 하고, 술래보다 늦게 앉아 자리가 없는 사람이 술래가 된다.

활동 후 모습

☼ 술래로 걸린 친구들이 노래, 춤 등의 벌칙을 하면서 다양한 끼를 표출하는 기회가 되었으며, 다 함께 친구들과 몸을 부딪치며 놀이를 함으로써 친밀도가 높아지고 수업시간이 좀 더 활기차게 되었다.

나. 누가 꼭두각시일까요?

목적 | '누가 꼭두각시일까요?' 놀이로 힘의 균형과 공정함에 대해 경험해 본다.

방법 & 활동 내용

❶ 가운데 1인자 손바닥을 양쪽 2인자가 자석처럼 손바닥에 얼굴 방향을 댄 채 따라 간다.

❷ 두 명의 2인자 손바닥에 3인자 4명이 얼굴 방향을 고정시킨 채 행동을 따라하면서 자기 손바닥은 4인자를 조정하게 한다.

❸ 학급 전체를 이런 식으로 연결하여 조정하면 된다.

활동 후 모습

☼ 놀이로 지시하는 사람과 지시 받는 사람의 입장을 경험하고, 사회 조직에서의 인간관계를 이해하는 데 도움이 되었으며, 놀이에 대한 소감을 나누면서 놀이에서 느껴지는 힘의 부당함과 불쾌감 등을 사회의 보이지 않는 힘의 논리에 적용할 수 있음을 알게 되었다.

평화감수성 교육

( )학년 ( )반 이름( )
( )활용 스토리텔링과 평화 놀이

◎ 다 같이 평화 놀이를 하고 소감 돌아가며 나누기

주제 :	
내용	
소감 나누기 :	

◎ 들려주는 이야기를 듣고 소감 돌아가며 나누기

주제 :	
내용	
소감 나누기 :	

◎ 활동 내용을 인간관계나 사회에 적용해 보기 (비쥬얼 씽킹
으로 표현)

다. 계란 후라이가 되어요.

목적 | '계란 후라이가 되어요' 놀이로 서로 배려하며 어려움을 함께 헤쳐 나가는 자세를 갖는다.

방법 & 활동 내용

❶ 모두 둥글게 원을 그린 상태에서 게임을 시작한다.

❷ '계란 후라이' 놀이는 흰자 2명, 노른자 1명, 3명이 한 팀이 된다.

❸ 가운데 술래가 '노른자', '흰자', '계란 후라이' 하고, 외치는 것에 따라 움직인다. 이때 흰자 두 명은 손을 맞잡고 노른자는 가운데서 '반짝 반짝' 하면 된다.

❹ 술래가 '노른자' 하면 노른자가 이동하고, '흰자' 하면 흰자가 이동하고, '계란 후라이' 하면 모두가 이동하게 된다.

❺ 놀이는 수업 한 시간에 하나 정도 하고, 활동 이후에는 빙 둘러 앉아 소감을 나누는 시간을 가졌다.

활동 후 모습

☀ 순발력을 요하는 놀이에 집중하다 보니, 학생들은 집중하여 서로에게 관심을 갖고 재미있게 활동에 참여하였으며, 단체 활동에서 난처하거나 곤란한 입장이 되어 봄으로써 친구와 팀워크의 중요성을 새삼 깨닫게 되었다.

'평화교육 프로젝트'로 평화 감수성을 기르고, 평화 수호자 되기

1. 통일 교육으로 평화 통일에 대한 비전 키우기 2. 생명 존중 교육으로 생명의 존엄성 실천하기 3. 자연 감수성 교육으로 생태학적 관점 지니기 4. 평화 토론 수업으로 민주시민의 역량 기르기	평화 통일에 대한 비전을 키우고, 생명 존중을 실천하며, 생태학적 관점 지니기

1 통일 교육으로 평화 통일에 대한 비전 키우기

가. 평화 강연으로 통일 의지 다지기

목적 | 6.25 전쟁 유공자들로부터 평화 강연을 들음으로써 전쟁의 참상을 알고, 통일 의지를 높인다.

방법 & 활동 내용

❶ 학년 초, 1학기말 프로그램으로 평화 강연을 계획하여 7월에 도덕 시간을 이용하여 전교생을 대상으로 평화 통일 강연을 실시했다.

❷ 강연자들은 6.25 전쟁 유공자 세 분을 포함하여 다섯 분이 학교를 방문하였으며, 강연 전에 6.25 관련 웹툰으로 된 큰 걸개그림을 강연장에 설치하여 학생들이 자연스럽게 전쟁 과정을 관람 할 수 있도록 하였으며, 개별적으로 학생들과 질문 및 대화하는 시간을 가졌다.

❸ 강연자들은 6.25 전쟁의 과정, 참혹상, 남북한의 현 상황과 바람직한 관계 등을 강연한 후, 학생들의 질문에 답하는 대화의 시간을 가졌다.

❹ 다음 교과 시간을 이용하여 평화 강연 교육 내용을 정리할 수 있도록 소감문 쓰기를 하고, 발표를 했다.

평화 강연 교육

(   )

평화 강연을 듣고 느낀 점을 정리해 봅시다.

이름	( )학년 ( )반 ( )번 이름 ( )
강연자 / 날짜	강연자 ( ) / 201 년 월 일 교시
강연 내용	
새로 알게 된 사실	
인상 깊었던 내용	
평화를 위한 나의 다짐	

우리의 안보 현실을 보면 북한의 한반도 통일 정책은 바뀌지 않았으며, 3대 권력 세습이후 체제 공고화와 내부 결속에 주력하고, 휴전 후, 북한의 도발 위협은 여전하다.

강연에서 인상 깊었던 것은 "Freedom is not free.", "역사를 잊은 민족에겐 미래가 없다." 라는 내용이다.

나도 평화 통일을 위해 내가 할 수 있는 일을 찾아 해야겠다.

활동 후 모습

☀ 6.25 전쟁을 겪은 분들한테 강연 전에 개별적으로 궁금한 것을 질문도 하고 대화를 나눈 것은 학생들에게 전쟁의 참혹상을 생생하게 일깨워 주는 계기가 되었다.

☀ 강연자들이 가지고 온 웹툰 걸개그림은 6.25 전쟁 과정을 쉽게 이해할 수 있도록 도움을 주었고, 학생들은 6.25 참전 용사를 가까이에서 보고 대화할 수 있어서 좋았으며, 북한을 더 잘 알게 되는 기회가 되었을 뿐만 아니라, 평화 통일의 필요성을 절실히 느꼈다고 소감문에서 밝혔다.

나. 통일 한국의 비전 그려보기

목적 | 동영상 시청, 통일 보고서 등 다양한 평화 통일 교육으로 통일 한
국의 모습을 그려볼 수 있다.

방법 & 활동 내용

❶ 통일부의 통일교육주간을 전후하여 5월말 6월 초 2주간을 이용하여
동영상 시청, 평화와 통일 관계 문장 만들기, 통일 한반도의 모습 및
비전 제시하기, 통일 보고서 만들기 등 평화 통일 교육을 실시했다.

❷ 통일교육주간에는 통일부 사이트에서 제공하는 관련 동영상을 시
청 후, 동영상 소감문 쓰기를 하고 발표를 통해 서로 생각 나누기를
하였다.

❸ 통일 한국의 모습을 그려 보기 위해 먼저, 개인별, 모둠별 평화와 통
일의 관계 문장 만들기를 하여 평화와 통일에 대한 의미 정립을 한
후, 통일 한반도의 모습을 개인별 및 조별 토의를 통해 제시하였다.

❹ 2019학년도에는 '통일 한반도의 모습'을 그리면서 '우리 반의 통일 노
래 만들기' 활동으로 통일교육주간 학부모 공개수업도 실시하였다.

❺ 그동안 실시한 통일 교육 내용을 바탕으로 사진을 첨부하고 자신의
의견을 제시한 통일 보고서를 완성하여 발표 및 공유하는 시간을 가
졌다.

★ 통일부 홈페이지의 통일 동영상 시청 후 소감문 쓰고 발표하기

★ 평화와 통일 문장 만들기 (주장-이유-근거) : 개인별 활동 → 조별 토론 활동

★ 통일 한반도의 모습, 통일 국가에서의 비전 세우기 (개인별 활동 → 조별 토론 활동)

★ 통일 한반도의 모습을 그리면서 '우리 반의 통일 노래 만들기'

★ 통일 보고서 만들기
- 위에 제시한 통일 교육 실시 후, 통일에 대해 자유롭게 활동지나 책 형태로 글이나 그림, 사진 등을 이용하여 꾸미고 발표 및 전시를 하여 공유할 수 있도록 한다.

평화와 통일의 관계

( )학년 ( )반 이름 ( )

( )모둠 조원 ( )

▣ 개별 활동

　- 평화와 통일의 의미 알기

■ 통일이란 _____ 이다.

　왜냐하면 _____ 때문이다.

■ 평화란 _____ 이다.

　왜냐하면 _____ 때문이다.

▣ 조별 활동

　- 평화와 통일의 관계를 나타내는 문장 만들기

❶ 모둠원1. 평화와 통일은 _____ 관계이다.

❷ 모둠원2. 왜냐하면 평화와 통일은 _____ 때문이다.

❸ 모둠원3. 왜냐하면 평화와 통일은 _____ 때문이다.

❹ 모둠원4. 그러므로 평화와 통일은 _____ 이다.

◎ 전체 의견 모으기 ▶조별 활동 중에서 평화와 통일의 의미
　　　　　　　　　　를 가장 잘 표현한 것은?

▣ 활동 후 나의 소감

_____

_____

통일 한반도의 모습

( )학년 ( )반 이름 ( )

■ 개별 활동

– 통일 국가의 모습 상상하기

변화	모습

■ 조별 활동 – 통일 국가의 모습 의견 나누기

순위	통일 국가의 모습	기대하는 점	찬성 수

■ 전체 활동 – 활동 후 소감 발표

통일 국가에서의 나의 비전

( )학년 ( )반 이름 ( )

◼ 조별 활동

– 통일 국가의 모습

개인	가정 · 학교	사회 · 국가	국제

◼ 개별 활동

– 통일 국가에서의 나의 비전(직업) 발표하기

구분		
희망 직업		
하는 일		
통일을 위해 노력 할 일	개인적	
	사회 · 국가적	

◼ 전체 활동 – 활동 후 느낀 소감 공유하기

2019년 1학기 학부모 수업공개 지도안

1학년 도덕 담당교사 : 장OO

단원	통일한반도의 미래 (제7회 통일교육주간)
학습목표	통일 한반도의 모습을 살펴봄으로써 평화 통일을 위해 노력하는 자세를 지닌다.
수업자료	학습지, 동영상, 교과서 등
수업형태	강의식, 협동학습, 토의학습
수업의 흐름	◎ 생각 열기 - 학습 목표 제시 - 우리가 바라는 통일 한반도의 모습을 활동지에 쓰고 발표 ◎ 생각 나누기 - 한반도가 통일이 된다면? ▶ 통일이 되면 주변국에 어떤 영향을 줄 것인지를 활동지에 쓰고 토의 및 발표하기 - 우리가 만드는 통일 노래를 개사하여 부르기 ▶ '새 시대의 통일의 노래'를 듣고 가장 공감 가는 가사 쓰고 그 이유 나누기 ▶ 우리 반의 통일 노래 개사하여 부르기 ◎ 생각 정리하기 - 한반도의 통일에 대한 각자의 입장 및 생각 쓰고 나누기 - 학생 및 교사의 수업 활동 평가 및 소감나누기 ◎ 차시예고 - 통일글짓기대회 안내
학습자를 바라보는 중심관점	- 소외되는 학생이 없이 구성원 모두가 자발적으로 학습에 임하는가? - 학습 주제에 깊이 생각해 보고, 발표 및 토의 시 잘 경청하고 있는가? - 수업 후 관련 주제를 내면화 하고 태도의 변화가 있는가?
학부모님이 유의해서 봐야 할 사항	- 학생들이 흥미를 보이며 자발적으로 수업에 임하는 부분이 어디인가? - 학생과 교사와의 상호작용이 자연스러우며 발전적인가? - 수업을 진행함에 있어서 소외되는 학생은 없는가?

1학년 토론으로 이끌어낸 통일 한반도의 모습

⊙ 선진국으로 발전 – 주변국들과 나란히 어깨를 겨루며 발전한다.

⊙ 이산가족 문제 해결 – 가족 간에 보고 싶으면 늘 만날 수 있다.

⊙ 관광국가로 발전 – 남북한 명소 곳곳을 다닐 수 있다.

⊙ 전쟁에 대한 두려움이 사라짐 – 더 이상 민방위 대피훈련을 받지 않

아도 된다.

⊙ 문화가 다양하게 발전 – 음식, 의류, 주택, 예술 등 다양하게 교류

한다.

통일국가에서의 나의 비전(직업)

⊙ 희망 직업 : 가수

⊙ 하는 일 : 악단이나 녹음된 반주에 맞추어 남북한의 모든 공연장이나

콘서트 무대에서 대중적인 노래나 고전 음악, 가곡 등을 노래한다. 광

고 및 영화, 드라마에 참여하여 노래를 부르기도 하며, 가창력과 연기

력을 바탕으로 뮤지컬을 하기도 한다.   (학생 글)

활동 후 모습

☀ 통일교육주간을 이용한 평화 통일 교육은 학생들의 통일에 대한
이해와 생각의 폭을 넓혀 주었으며, 통일 한반의 모습에 대한 조별
토론은 통일에 대한 긍정적인 마인드를 심어 주고, 통일 의지를 높
여 주었다.

☀ 통일 보고서는 남북한의 관계, 평화 통일에 대한 학생들의 전체적
인 입장을 정리하는 좋은 시간이 되었다.

다. 토론과 논술로 평화 통일에 다가가기

목적 | 함께 논의 하고 발표한 평화 통일 교육을 바탕으로 평화 통일에
대해 토론과 논술로 자기 입장을 정리 해 본다.

방법 및 활동 내용

❶ 통일 동영상 시청, 평화 강연, 통일 한국의 모습 및 비전 제시하기 등
함께 논의하고 공부한 평화 통일 교육을 바탕으로 통일의 필요성에
대한 프로콘 토론을 실시했다.

❷ 프로콘 토론 과정은 다음과 같다.

어깨 짝과 함께 합의 시간을 통해 이유(근거) 찾기 → 4명이 토론 →
역할교환 → 합의 시간 갖기 → 4명이 토론 → 모둠토론 결론(대안)
정리 → 모둠결론 칠판에 부착 후 발표

❸ 통일의 필요성에 대한 프로콘 토론을 실시하여 찬반 양쪽 입장을 충
분히 이해하는 시간을 갖은 후, 통일에 대한 자기 입장을 정리하는
통일 논술 글짓기를 실시하여 교내 시상 계획에 맞추어 학년별 시상
을 했다.

2019 교내통일교육글짓기 대회(600자 이상)

주제 :

□ 주제 예시

통일국가의 미래상 / 통일의 의미 및 필요성 / 통일을 위한 노력

□ 심사기준(50점) : 구성 및 주제 표현력(10점), 객관성(10점),

논리성(10점), 설득력(20점)-사례 제시(10점), 의견 제시(10점)

(   )학년 (   )반 이름 (   )

																	50
																	100
																	150
																	200
																	250
																	300
																	350
																	400
																	450
																	500
																	550
																	600

통일글짓기대회 심사표

항목		만점(50점)	채점기준
구성 및 주제 표현력		10	글의 구성(분량 포함) 및 주제 표현력
객관성		10	객관성(사실)에 바탕을 두고 전개
논리성		10	글의 논리적 전개 및 마무리
설득력	사례 제시	10	적절한 사례 제시 여부
	의견 제시	10	적절한 의견 제시 여부

학번	이름	구성 및 주제 표현력(10)	객관성 (10)	논리성 (10)	설득력(20)		총점(50)	학년별 순위
					사례 제시(10)	의견 제시(10)		

심사자 :　　　　　(서명)

활동 후 모습

☀️ 통일의 필요성에 대한 프로콘 토론은 찬성과 반대 측 양쪽 입장이다 되어 봄으로써 상대방을 이해하는 역지사지의 자세를 길러 주었다.

☀️ 평화 강연, 평화와 통일의 관계 문장 만들기, 통일 한국의 모습과 비전 제시하기 등 평화 통일에 대한 다양한 교육을 실시 한 후, 통일의 필요성에 대한 프로콘 토론과 논술은 통일에 대한 개인적·사회적 차원에서에서의 입장을 정리하고 이해하는 데 많은 도움이 되었다.

2 생명 존중 교육으로 생명의 존엄성 실천하기

가. 다른 존재의 입장 되어 보기

목적 | 사람이 아닌 다른 존재(생명체)의 입장이 되어 봄으로써 사람들에게 바라는 것이 무엇인지를 파악하고 실천할 수 있다.

방법 & 활동 내용

❶ '생명은 왜 소중할까요?' 활동을 한다. 먼저 김남조 시인의 '생명'을 낭송 해 주고, 소감 한 마디씩 나누기를 한다. 다음으로 생명이란 무엇이고, 왜 소중한 지를 마인드맵으로 표현하고 각자 발표를 한다. 마지막으로 조별로 지구촌이 겪고 있는 생명 문제와 해결 방안에 대한 브레인스토밍을 하고 전체 발표를 통해 이야기를 공유한다.

❷ '내가 만약 다른 존재(   )로 태어났더라면?' 활동을 다음 순서
로 했다.

	순서	활동 내용
1	영상 소감 나누기	'하나뿐인 지구' 프로그램의 '19g을 위한 사육, 나는 반달곰입니다.'라는 동영상을 보고, 전체적으로 돌아가면서 소감 나누기
2	'내가 만약 다른 존재( ) 로 태어났더 라면?'	내가 다른 생명체로 태어났더라면 어떠했을 지를 상상하여 글로 쓴 다음 전체 발표 수업
3	생태계에서의 사람의 존재 정의	사람은 생태계 안에서 _____ 한 존재 이다. 왜냐하면 _____ 하기 때문이다.
4	생태학적 삶의 태도	생태계에 다양한 존재들과 더불어 살기 위해 사람들에게 필요한 삶의 태도는? (조별 토의 후 발표)
5	나의 다짐	나는 _____ (다짐 쓰고 발표)

생명

생명은
추운 몸으로 온다.
벌거벗고 언 땅에 꽂혀 자라는
초록의 겨울보리
생명의 어머니도 먼 곳
추운 몸으로 왔다.

진실도
부서지고 불에 타면서 온다.
버려지고 피 흘리면서 온다.

겨울나무들을 보라.
추위의 면도날로 제 몸을 다듬는다.
잎은 떨어져 먼 날의 섭리에
불려가고
줄기는 이렇듯이
충전 부싯돌임을 보라.
금가고 일그러진 걸
사랑할 줄 모르는 이는
친구가 아니다.

상한 살을 헤집고
입 맞출 줄 모르는 이는
친구가 아니다.

생명은
추운 몸으로 온다.
열두 대문 다 지나온 추위로
하얗게 드러눕는
함박눈 눈송이로 온다.

▣ 내가 만약 (다른 존재)로 태어났더라면?

◇ 내가 만약 (벌)로 태어났더라면 화날 수밖에 없다고 생각한다. 벌이 열심히 만든 집을 사람들이 따와서 꿀을 빼기도 하고, 벌을 넣어 벌주를 만들기도 한다. 이렇게 벌들이 애써 만든 모든 것을 빼앗아가는 인간을 원망할 것이다.

(학생 글)

◇ 내가 만약 (사슴)으로 태어났더라면 사람들이 두려웠을 것이다. 인간은 자신의 이익을 얻기 위해 모든 것을 한다. 그 중에서 사슴뿔을 가져간다. 내가 사슴이라면 나의 뿔을 잘라서 가져가는 인간들이 미울 것이다.

(학생 글)

활동 후 모습

☀ 생명에 대한 마인드맵 활동에서 학생들은 관련 단어로 '행복', '소중', '존중', '인생', '사랑', '환경' 등을 제시했다.

☀ 지구촌이 겪고 있는 생명 문제로는 낙태, 자살, 동물 학대, 동물 유기, 환경오염 등을 들었으며, 법이 강화되어 강력하게 제재를 하길 바랐다.

☀ '내가 만약 다른 존재로 태어났더라면?' 활동에서 코끼리, 고양이, 벌, 라쿤 등 인간을 위해 식용이나 의류품으로 학대 받는 동물을 주로 언급했으며, 생태계의 다양한 존재들과 더불어 사는 삶을 위해 생명에 대한 존중, 환경오염 해결 등을 제시했다.

나. 생명의 소중함 알고 실천하기

목적 | 생명의 가치를 인간이 갖고 있는 삶의 잣대로 평가할 수 있는지
　　　 에 대해 논의해 본다.

방법 & 활동 내용

❶ 생명의 소중함에 대해 반달 곰 동영상 시청, 생명과 생명 존중에 대한
　 마인드 맵, '만약 다른 존재로 태어났더라면?' 등의 활동 후, 인간에
　 의해 합법적으로 허용되고 있지만, 생명의 존엄성과 위배되는 측면
　 이 있는 '동물 실험'과 '사형 제도' 찬반 토론을 실시했다.

❷ 토론 전에 개인별 토론 개요서를 작성하고, 이것을 바탕으로 조별 토
　 론 개요서를 완성한 후 토론에 들어갔다.

❸ 찬반 토론 순서는 입론 – 교차 질문 - 1차 작전회의 – 1차 반론 – 교차
　 질문 - 2차 작전회의 – 2차 반론 – 최종발언 순으로 했다.

도덕 토론 수업 일지

날짜	월 일	학년 반 번	성명		역할	

논 제	

토론왕		선정 이유	

질문하고 싶은 내용	
자기입장 변화	토론 전 입장 ( ) =〉 토론 후 입장 ( ) (찬성 〈= 1-2-3-4-5-6-7-8-9-10 =〉 반대)
토론과정 전체에 대한 평가(느낀 점)	

찬 성(조)		반 대 (조)	
1- 입론(3분)		2- 교차질문(3분)	
4- 교차질문(3분)		3- 입론(3분)	
작전회의(3분)			
5- 1차 반론(3분)		6- 교차질문(2분)	
8- 교차질문(2분)		7- 1차 반론(3분)	
작전회의(3분)			
10- 2차 반론(2분)		9- 2차 반론(2분)	
12- 최종발언(3분)		11- 최종발언(3분)	

☀ '동물 실험', '사형 제도'에 대한 토론을 하면서 인간에 의해 자행되는 생명경시 현상이 얼마나 많은가를 새삼 인식하고 깨닫는 기회가 되었다.

☀ '동물 실험' 찬반 토론을 통해 인간의 병 치료제 개발이나 식용으로 당연하게 생각했던 동물들의 생명에 대해 '과연 그래도 되는가?' 하는 의문을 제기하고 논의하는 시간이 되었다.

☀ '사형 제도' 찬반 토론으로 인간이 법이라는 명목으로 다른 사람의 생명을 뺏을 권리가 주어졌는가에 대해 함께 깊이 고민 해 보고, 사형 제도의 문제점을 살펴보았다.

다. 동물권 보장을 생활화하기

목적 | 동물들의 생명이 경시되는 현상을 살펴봄으로써 동물들의 생명이 존중받고, 행복할 수 있는 방안을 찾아 생활 속에서 실천한다.

방법 & 활동 내용

❶ 주변에서 동물들이 괴롭힘을 당하는 사례를 자유롭게 이야기를 한다.

❷ 자유롭게 이야기 한 것을 내용별로 유목화 한다.

❸ 유목화 된 내용을 3~4명씩 모둠을 정해서 집중적으로 탐구 및 토론을 한다. 크게 유목화 된 주제는 반려 동물 학대 및 유기, 공장식 축산 동물 사육, 오락 동물 등의 문제이다.

❹ 탐구 및 토론된 내용을 활동지에 정리하여 발표를 하고 궁금한 것은 질문을 하여 서로 자료를 공유한다.

❺ 모든 조의 발표 수업 이후 써클을 만들어 소감 나누기 및 실천 다짐을 발표한다.

생명감수성 교육

( )학년 ( )조 이름 ( )

오락 동물들을 바르게 대하는 태도와 배려하는 방법

◎ 오락 동물에 대한 동영상, 사진, 기사 등 실태 조사

- '인간과 동물의 싸움', '동물과 동물의 싸움', '쇼를 위한 동물들', '동물원의 동물들' 사례 찾기

주제	
의미	
실태 & 문제점	
느낀 점	

◎ 오락 동물들을 바르게 대하는 태도와 배려하는 방법

오락 동물을 바르게 대하는 태도	1.
	2.
	3.
	4.
	5.
오락동물들을 배려하는 방법 (환경개선을 포함)	

( )학년 ( )조 이름 ( )

애완 동물 학대 및 유기 방지하기

◎ 애완 동물 학대나 유기 실태

- 신문이나 뉴스, 동영상 등에서 애완 동물 학대나 유기 사례 찾기

주제	
애완 동물을 기르는 이유	
실태 & 문제점	
느낀점	

◎ 애완 동물 학대나 유기를 방지하기 위한 방법

애완 동물을 바르게 대하는 태도	1.
	2.
	3.
	4.
	5.
애완동물들을 배려하는 방법 (환경개선을 포함)	

생명감수성 교육

( )학년 ( )조 이름 ( )

공장식 축산과 먹거리 소비생활

◎ 공장식 축산에 대한 동영상, 사진, 기사 등 실태 조사

주제	
의미	
실태 & 문제점 (먹거리 소비 생활 포함)	
느낀점	

◎ 공장식 축산의 문제점과 먹거리 소비 문화 해결 방안

공장식 축산의 문제점 해결방안	1.
	2.
	3.
	4.
	5.
먹거리 소비 문화 해결 방안	
동물권 입장	

토의된 공장식 축산의 문제점과 해결방안

1. 지나친 가공 사료에만 의존하여 자원 낭비 ▶ 축산 동물을 줄여 초원에서 기른다.
2. 축산업에 의한 환경오염 ▶ 동물들의 대소변을 에너지로 전환하는 연구를 확대한다.
3. 동물 학대 ▶ 동물들의 생활환경을 개선하여 주고, 수술을 할 때는 마취를 한다.
4. 인류의 건강 위협 ▶ 초원이나 좋은 환경에서 길러 전염병이 발생하지 않게 한다.
5. 동물들의 권리 무시 ▶ 동물들이 인간의 필요에 따라 이용되는 것이 아니라는 것을 알아야 한다.

활동 후 모습

☀ 우리 주변에 함께 살아가는 동물들에 대해 조별로 탐구하고 발표하면서 동물들은 인간을 위한 존재로서가 아니라, 지구상에 같이 살아가는 한 생명체로 존중받아야 함을 인식할 수 있었다.

☀ 인간들에 의해 동물들이 한 생명체로서의 권리가 많이 악용되거나 짓밟히고 있다는 것을 반성하는 기회가 되었으며, 토론 및 발표를 통해 일상생활 속에서 동물들을 어떻게 대하고 보호해야 하는지를 깨닫게 되었다.

자연 감수성 교육으로 생태학적 관점 지니기

가. 텃밭 생태체험 하기

목적 | 학교 텃밭에서 계절 변화에 따라 농작물을 심고 수확을 하는 생태체험을 함으로써 자연의 소중함을 몸으로 터득해 나간다.

방법 & 활동 내용

❶ 텃밭을 '또 하나의 가족'별로 창의적 체험활동 시간이나 점심 시간을 활용하여 농작물을 심고 수확을 했다.

활동 계절	파종 및 모종	수확
봄	토마토, 가지, 오이, 호박, 감자, 고구마, 고추, 상추 등	상추류(초여름)
여름	배추, 무우(늦여름)	토마토, 가지, 오이, 감자, 고구마, 고추, 상추 등
가을	시금치	배추, 무우(늦가을)

〈우리가 가꾼 농작물〉

❷ 야채류는 학교 점심시간에 수확하여 학교 급식과 함께 먹기도 하고, '또 하나의 가족'별로 같이 나누어 먹었으며, 고구마는 수확을 하여 지역에 있는 장애 복지 시설에 기부도 하였다.

텃밭 활동에 대한 학생들의 소감

◇ 텃밭 활동이 그다지 어렵지 않아 좋았다. 그리고 농사를 지어 잘 자란 곡물을 먹어서 좋았다. 다음에는 파파야를 키우고 싶다.

◇ 조금 힘들었지만, 우리가 심은 채소들이 자라는 모습을 보아서 새롭고 좋았다.

◇ 작물을 심고 곡식을 거두면서 정말 즐겁고 보람 있었으며, 뜻깊었던 것 같다. 다시 한 번 텃밭 활동을 하면 좋겠다고 생각했다.

◇ 고구마, 감자 같은 작물을 키우면서 뭔가 뿌듯하고 예쁘게 자랐을 때, 너무 행복하였다.

활동 후 모습

☀ 계절에 따라 '또 하나의 가족'별로 농작물을 심고, 가꾸고, 수확하여 함께 먹거나 기부하는 것은 학생들한테 농부가 느끼는 수확의 즐거움과 보람을 체험하게 하였으며, 친구들과 함께하는 텃밭 체험은 서로 대화하고 소통하는 기회를 늘려 학교 폭력 예방의 효과가 크다고 할 수 있다.

☀ 학생들은 텃밭 가꾸기로 작물 심기, 풀 뽑기, 물주기, 받침대 세워주기 등 자신들의 보살핌으로 농작물들이 쑥쑥 성장하는 과정에서 뿌듯함과 보람을 느끼게 되었다. 또한, 신선한 작물 수확을 통해 무공해 자연산 먹거리의 중요성 및 착한 소비에 대해 실제로 경험으로써 배우게 되었다.

나. 교육공동체가 함께하는 시화전 열기

목적 | 교사 및 학생들이 쓴 시를 시화로 만들어 마을교육공동체의 축제의 장이 될 수 있도록 한다.

방법 & 활동 내용

❶ 일 년 동안 교사와 학생들은 틈틈이 시간을 내어 10월 학교 축제 시화전에 전시할 시를 구상하여 시를 쓴다.

❷ 교사와 학생들이 제출한 시 중 한 편씩은 시화 액자에 넣어 전문적인 시화 작품을 만들고, 추가로 학생들이 더 쓴 시는 학생들이 그림까지 그려서 판넬에 넣어 시화 작품을 완성한다.

❸ 10월 중순 학교 축제일에 완성된 시화를 학교 진입로와 학교 화단 앞으로 전시하여 학생뿐만 아니라 인근 마을 주민들, 학부모님들을 초대하여 관람할 수 있도록 하였다.

❹ 2017년 11월 초 시청에서 주관한 감악산 마을축제에도 우리가 만든 시화를 전시하여 축제에 온 일반인들도 볼 수 있도록 하였다.

❺ 학부모들도 희망자에 한하여 참여하도록 하였으며, 2019년에는 축제가 12월로 학사 일정이 변경되었다.

COSMOS	엄마의 마음
휴! 다행이다. 드디어 밝은 태양이 손짓하는 아침이다. 밤이 갔다. 중심을 잃고 영겁의 코스모스를 유랑하던 밤이 갔다. 어둠이 갔다. 두려움을 안고 칠흑의 심연의 바다를 배회하던 어둠이 갔다.	널 위해 살게. 널 기쁘게 해 줄게. 슬플 때 말해 힘들 때 말해 내가 없을 그날까지 네가 날 그리워 하지 않을 그날까지 널 위해 힘들어도 슬퍼도 달콤한 웃음을 지어줄게 사랑해...
〈선생님 시 일부〉	〈학생 시 일부〉

활동 후 모습

☀ 교사, 학부모, 학생들이 일 년 동안 학교 축제 시화전에 제출할 시를 써야 한다는 것은 마음의 부담도 되었지만, 흥분되고, 기대되는 일이었다.

☀️ 학교생활을 하면서 짬짬이 시간을 내어 시를 쓰고 그림을 넣어 꾸미는 작업은 참여자들의 정서를 순화시키고, 문학적 감성을 키우는 데 중요한 역할을 하였다.

☀️ 학교 축제와 감악산 마을 축제에서의 시화전은 교사 및 학생들의 고민이나 생각 등 평소 드러나지 않던 정신적인 면을 엿볼 수 있는 기회가 되었고, 지역 사회와 소통하고, 공유하는 좋은 시간이 되었다.

다. 자연 속에서 참된 나와 만나기

목적 | 자연과 함께 할 수 있는 체험활동을 통해 자연 속에서 힐링하고, 참된 자아를 만날 수 있다.

방법 & 활동 내용

❶ 지필평가 기간을 이용하여 자유학기 체험활동으로 자연 감수성을 키울 수 있는 프로그램을 선택하여 마음도 순화하고, 자연 친화적인 삶의 자세를 경험한다.

❷ 탐방 및 견학한 곳에서 교과와 관련하여 다양한 체험활동을 직접 해 보았다.

❸ 2017년 5월, 지역교육청에서 주최한 '평화 걷기 대회'에 참가하여 평소 일반인이 들어 갈 수 없는 군사 지역을 걸으면서 우리의 분단 상황을 실감하고, 통일에 대한 염원과 함께 자연의 아름다움을 만끽하였다.

월	프로그램명	활동 내용
4월	해설사와 함께하는 헤이리 마을 탐방	화폐박물관, 마루공방 도자기체험, 초크아트
4월	자연감수성과 나 찾기	DMZ 내 생태탐방
4월	치즈농장 체험	치즈농장 견학 및 치즈 체험
7월	동물 구조대 및 사육 체험	동물 관련 직업 체험
7월	산머루 체험	산머루 농원 견학 · 체험
9월	야생초 체험	아미골 견학 · 체험
12월	누리홀 자연미술체험	6차 산업 직업 체험

〈자연 감수성 프로그램 운영〉

■ '자연 감수성 속에서의 나 찾기' 학생들의 소감

◇ 자연 속 동식물의 아름다움과 소중함을 알게 되어 기쁘다. 새들이 우리 주변으로 와 준 것이 신기하고, 고마웠고, 인상적이었다. 자연을 더 아끼고 소중하게 다뤄야 된다는 것을 느꼈다.

◇ 민통선 내 덕진 산성에서 점심을 먹고 나서 쉬고 있는데 제비 둥지를 보았다. 우리를 안내 하시는 분한테 새 둥지에 대한 설명을 들은 것이 가장 인상적이었다. 자연의 소중함을 느끼고, 자연을 훼손하지 말아야겠다고 느꼈다.

활동 후 모습

☀ 학생들은 지필평가 기간 중에 제빵 체험, 3D프린팅 교육 · 체험, 오페라 체험 및 진공관 앰프 제작 등 직업적인 면도 있었지만, 자연 감수성을 키울 수 있는 체험을 주로 하였기 때문에 학교에서 벗어나 자연 친화적인 삶을 직접 경험하는 좋은 기회가 되었다.

☀ 자연을 테마로 한 체험활동은 자연 속에서 자신을 성찰하고, 자연이 우리에게 주는 혜택과 고마움을 많이 경험하게 되었으며, 자연의 소중함을 인식하고, 자연애를 키우는 좋은 기회가 되었다.

☀ 평화 걷기 대회에서 평소 가지 못하던 군사 지역을 반나절 걷고 탐방하는 것에서 분단된 우리 국토의 현실을 절감하고, 통일의 필요성과 자연의 숭고함에 대해 생각해 보는 시간이 되었다.

4 평화 토론 수업으로 민주 시민의 역량 기르기

가. 토론으로 생각의 힘 키우기

목적 | 토론에 들어가기 전 가벼운 마음으로 토론에 임할 수 있도록 하여 토론 수업에 쉽게 접근하고 비판할 힘과 용기를 기른다.

방법 및 활동 내용

❶ 학년 초 첫 교과 시간에 '토론의 달인-세상을 이끌다.' 동영상을 시청하고, 토론에 대해 자유롭게 주제를 잡아 글쓰기를 하고 발표한다.

❷ 토론 수업 오리엔테이션 시간에 우리나라를 포함하여 전 세계적으로

발생하고 있는 폭력적 상황에 관심을 갖고 평화 실천자 및 세계 민주 시민이 되었으면 하는 선생님의 바람을 말한다.

❸ 토론 전에 평화 · 인권 관련 그림책을 선정하여 준비한 다음, 그림책을 활용하여 '브레인라이팅', '원탁 토론', '하브루타 토론'을 실시했다. 브레인라이팅과 원탁 토론에 들어가기 전에 다음과 같이 교사나 학생이 들려 준 그림책에 대해 이야기를 나눈 후에 토론에 들어갔다.

연번	도서명	주제	지은이/옮긴이
1	내 친구 조이	다문화	표지율
2	위를 봐요	사회적 약자	정진호
3	종이 봉지 공주	역할의 양성평등	로버트 먼치
4	전쟁	전쟁	아니아스 보즐라드
5	비무장 지대에 봄이 오면	통일	이억배
6	먼저 온 미래	북한 이탈 주민	김정희
7	싸움에 관한 위대한 책	학교 폭력	다비드 칼리
8	고래들의 노래	자연과 인간의 조화	D. 샐든, G. 블라이드
9	파란 티쳐츠의 여행	공정무역	비르기트 프라더
10	물없는 나라 빵 없는 나라	빈곤	루이스 아이비스카

11	사라, 버스를 타다	인권, 시민불복종	윌리엄 밀러
12	언제나 환영해	환경과 난민	바루
13	세상의 낮과 밤	평화	파니 마르소
14	북풍을 찾아간 소년	평화	백희나
15	내 친구 폴리 세계 평화를 이룩하다	평화	제임스 프로이모스
16	노란별	평등	카르멘 에그라 다디
17	말랄라 세상을 바꾼 아이	양성평등, 용기	말랄라유사프자이
18	잃어 버린 아이들	나눔과 공존(난민)	메리 윌리엄스
19	공정무역, 행복한 카카오 농장 이야기	공정무역	신동경
20	어느날, 고양이가 왔다.	존중과 소통	케이티 하네트
21	경극이 사라진 날	전쟁과 평화	야호홍
22	감기 걸린 물고기	동물권	박정섭
23	강냉이	전쟁	권정생
24	까마귀소년	우정	야시마 타로
25	내가 라면을 먹을 때	평화와 인권	하세가와 요시후미

〈선정한 그림책 목록〉

◎ 생각 열기 ▶ 제목과 앞표지를 보고 어떤 느낌이 들었나요?

◎ 생각나누기 ▶ 가장 인상 깊은 내용이나 문장을 쓰고 돌아가면서 이야기 나누기, 이유도 같이 제시

▶ 친구들의 이야기를 듣고 가장 가슴에 와 닿는 내용(말)을 쓰고 이야기 나누기, 이유도 같이 제시

◎ 생각 정리하기 ▶ 그림책을 읽고 토론해 보고 싶은 주제 토의하여 정하기

선정한 그림책 : 경극이 사라진 날 (1학년)

잃어버린 아이들 (3학년)

선정된 주제 : 전쟁은 정당화 될 수 있는가? (1학년)

난민은 다 받아주어야 하는가? (3학년)

---

❹ 토론은 학생들이 선정한 주제로 하였다. 토론 순서 및 방법은 다음과 같이 실시했다.

브레인라이팅

▶ 나의 의견(주장 및 이유, 2~3가지)

▶ 조별 의견 분류 및 발표

▶ 우리 반의 의견 분류 및 발표

▶ 질문이나 소감

원탁토론

▶ 1차 발언 (작품소감, 1분)

▶ 2차 발언(자신의 입장 – 주장, 이유, 근거, 1~2분)

▶ 3차 발언(질문 및 반론, 1~2분)

▶ 4차 발언(반론 및 답변, 1~2분)

▶ 최종 발언(1~2분)

▶ 토론 후 나의 변화(1분)

❺ 그림책 활용 하브루토론은 다음과 같이 했다.

말랄라 세상을 바꾼 아이 (1학년) 공정무역 – 행복한 카카오 농장 이야기 (3학년)	
그림책 읽기	돌아가면서 친구들 앞에서 읽어 주기
개별 활동	그림책 이야기를 듣고 함께 나누고 싶은 질문 만들기
모둠 활동	우리 조에서 (가장) 좋은 질문 찾기
전체 활동	각 조에서 선정된 좋은 질문을 활동지에 다 같이 쓰고 짝꿍과 번갈아 가면서 질문에 답하면서 대화하기
인터뷰카드	앞, 뒤, 대각선 친구 3명과 돌아가면서 그림책 내용 중에서 가장 중요하다고 생각하는 단어(가치)를 3가지 물어서 적고 이야기 나누기 (조별 3명씩도 가능)

활동 후 모습

☀ '토론의 달인 세상을 이끌다.' 동영상은 토론 전반에 대한 오리엔테이션 자료로 활용하기가 좋았다. 이 영상을 보고, 토론에 대해 자유롭게 주제를 잡아 글쓰기를 하니, 가장 많이 나온 이야기가 토론의 중요성이나 필요성을 깨달았다는 내용이다.

☀ 그림책을 활용하여 책에 대해 소감이나 느낌을 돌아가면서 나눈 후, 브레인라이팅이나 원탁 토론에 들어가니, 토론에 대한 워밍업이 될 수 있었으며, 그림책을 활용한 브레인라이팅이나 원탁 토론, 하브루타 토론은 수업에 흥미를 갖게 하고, 상대방의 이야기를 경청하는 자세와 논제 합의 과정, 자신의 입장을 논거에 근거하여 말하는데 많은 도움을 주었다.

나. 찬반 토론으로 역지사지의 자세 갖기

목적 | 찬반 토론으로 객관적인 논거에 입각해 상대방이나 배심원들을 설득할 수 있다.

방법 & 활동 내용

❶ 교과 내용을 공부하면서 토론을 하고 싶은 논제를 뽑아서 두 팀을 나누어 찬반 토론을 했다.

❷ 토론 전에 논제에 대한 자료 조사를 해 와서 개인별 토론 개요서와 조별 토론 개요서를 작성 후, 토론에 임했다. 학생들의 자료 조사가 부족할 경우, 수업 시간에 휴대폰으로 자료 검색을 하여 토론 개요서를 보충했다.

❸ 토론 과정에서는 간단히 핵심 내용 위주로 토론 일지를 작성했다. 배심원 평가지는 모두가 토론자이면서 배심원이기에 토론 일지 한 장에 통합시켰다. 토론 후 상대방 팀에서 토론왕 선정을 각각 뽑았다.

❹ 3학년은 학교 폭력 관련 단원을 배우면서 '방관자도 폭력의 가해자인가?'라는 주제를 가지고 세다식 찬반 토론을 했다. 1학년은 찬반 토론 보다는 피라미드나 프로콘 토론, 그림책 활용 토론, 조별 및 전체 토의 수업을 했다.

❺ 토론 순서는 입론 – 교차 질문 - 1차 작전회의 – 1차 반론 – 교차질문 - 2차 작전회의 – 2차 반론 – 최종발언 순이다.

찬·반 토론의 논제

1학년	3학년
* 동물실험은 중단되어야 한다. * 인간의 욕구는 필요한가?	* 인간은 자율적인 존재인가? * 사형제도는 폐지되어야 한다. * 방관자도 폭력의 가해자인가? * 우리나라는 지구공동체의 재난에 대해 원조를 확대해야 하는가?

활동 후 모습

☀ 서로의 입장을 펼치고 질의 응답을 함으로써 토론 수업이 활기차
고, 주어진 논제의 두 관점에 대한 이해의 폭이 넓어졌다.

☀ 정해진 토론의 규칙에 따라 찬성과 반대 측이 번갈아 가면서 논리
적으로 배심원 및 상대방을 설득하려는 자세가 길러졌다.

다. 평화·인권 프로젝트 토론으로 지구촌 평화문제 관심 갖기

목적 | 평화·인권 프로젝트 과제를 심층적으로 토론함으로써 지구촌의 평화 문제에 대한 이해를 높인다.

방법 & 활동 내용

❶ 한 달 정도 각자 수행한 평화·인권 프로젝트 과제를 발표 수업 후 지구촌의 인권 및 평화 문제를 함께 고민해 보았다.

❷ 피라미드 토론과 브레인스토밍을 결합하여 토론을 하면서 단계적으로 채택하는 방안을 1개씩 늘려갔다.

토론 주제	지구공동체가 해결해야 할 시급한 인권 및 평화 과제는?
생각 열기	▶ 인권과 평화의 의미 ▶ 내가 맡은 평화·인권 프로젝트 과제
생각 나누기	▶ 내가 생각하는 지구공동체가 해결해야 할 가장 시급한 인권 및 평화 과제는? (주장, 이유나 근거 2가지) ▶ 짝궁과 함께 논제에 대한 주장, 이유나 근거 3가지 (1:1) ▶ 우리 조가 논제에 대해 생각하는 주장, 이유나 근거 4가지 (2:2) ▶ 우리반이 논제에 대해 생각하는 주장, 이유나 근거 5가지 (전체토론)
생각 정리 하기	토론 후 논제에 대한 자신의 생각을 쓰고, 토론에 대한 평가

활동 후 모습

☀ 각자 수행한 평화 및 인권 프로젝트 과제 내용을 심화하고 지구촌
의 평화 문제를 공유하는 시간이 되었으며, 지구공동체가 시급히
해결해야 할 평화 과제로 국가에 의한 시민의 인권 보장, 불법 아동
노동 금지, 테러 및 분쟁 방지 등을 들었다.

토론 후 입장 정리하기

논제 : _____ (찬성, 반대)

토론 후 나의 입장 변화를 정리해 봅시다.

이 름	( )학년 ( )반 ( )번 이름 :
날짜	201 년 월 일 교시
토론 전 나의 생각 & 토론에 임 할 때 자세	
나의 주장	
이유 & 근거	
토론 후 나의 생각 의 변화	

<토론 후 글쓰기 활동지>

'공감 능력 향상 프로젝트'로 세계 민주시민으로서의 연대 의식 갖기

1. 도덕적 상상력 향상으로 지구공동체에 대한 공감능력 높이기 2. 지구공동체가 함께 해결할 과제 찾기 3. 미래 세대를 위한 지속가능한 발전 추구하기 4. 시민교육 교과서 활용 토론 수업으로 세계 민주시민 되기	**=** 평화 통일에 대한 비전을 키우고, 생명 존중을 실천하며, 생태학적 관점 지니기

1 도덕적 상상력 향상으로 지구공동체에 대한 공감능력 높이기

가. 이미지 메이킹으로 나의 꿈 설계하기

목적 | 미래 자신의 모습을 그려봄으로써 어떤 삶을 살아 갈 것인지 고민해 보고 그 꿈을 향해 노력하는 자세를 갖는다.

방법 & 활동 내용

❶ 4~5명씩 모둠별로 앉고 색연필, 매직, 사인펜 등을 조별로 배부한다.

❷ '나의 자화상'이라는 활동지를 배부한다.

❸ 자신의 모습을 과거-현재-미래와 연결하여 '나의 자화상'에 담고, 자화상에 대한 설명을 그림 밑에 간단히 적는다.

❹ 자화상을 그린 후, 둥글게 앉아 자화상에 대한 설명과 함께 소감을 발표하고, 친구들의 꿈에 대해 구체적인 질문도 한다.

자화상 그리기

※ 자신의 모습을 그리고, 왜 그렇게 그렸는지 진로와 연결하여 설명해
 봅시다.

학년   반   번 이름:

【설명】 _____

 _____

 _____

 _____

☀ 어떻게 살 것인지 삶의 목표를 탐색하고, 자신을 깊이 들여다보는 시간이 되었다.

☀ 친구들의 꿈을 이해하고, 서로의 꿈을 응원하는 시간이 되었으며, 자화상을 그리고 발표하는 과정에서 자신의 모습을 친구들한테 소개하고, 진로를 탐색하는 기회가 되었다.

나. 비폭력 대화로 평화적 의사소통 생활화하기

목적 | 나 전달법과 비폭력 대화로 평화적 의사소통을 생활화할 수 있다.

방법 & 활동 내용

❶ 평화적 의사소통의 방법으로 나 전달법과 비폭력 대화의 의미, 필요성, 방법, 효과 등에 대해 설명한다.

❷ 4~5명씩 모둠별로 앉고 나 전달법과 비폭력 대화 활동지를 배부한다.

❸ 옆 짝꿍과 작성한 나 전달법과 비폭력 대화 활동지를 바탕으로 시연하고, 빙 둘러 앉아 활동 소감을 나눈다.

❹ 활동을 하고 난 후의 느낌과 생각을 마인드맵으로 표현하고 두 활동에 대한 소감을 활동지에 간단히 작성한 후 돌아가면서 발표하며 서로의 마음을 나눈다.

평화적 의사소통

나 전달법

( )학년 ( )반 이름 ( )

■ 나 전달법

- '너'나 '당신'을 중심으로 말하지 않고 '나'의 느낌이나 바람 등을 표현하는 의사 방법

  예) "나는 네가 원하는 것을 솔직하게 나에게 말해 주면 좋 겠어."

  "나는 네가 나에게 욕을 하지 않았으면 좋겠어."

■ 조별 활동

- 각자 나 전달법으로 쓰고 돌아가면서 말해 보기

너 전달법	나 전달법
"너! 공부하는 데 말 시키지 마."	
"너, 그렇게 느려서 제 시간에 할 수 있겠어?"	
"너, 식탁 안 치울 거야? 지저분 해서 뭘 먹을 수가 없잖아."	
"너한테만 말한 건데. 그걸 퍼뜨리고 다니면 어떻게 해?"	
"너 혼자 결정하고 그러는데 우리는 안 보이냐?"	

■ 전체 활동 - 활동 후 느낀 소감 공유하기

비폭력대화

( )학년 ( )반 이름 (   )

■ 비폭력 대화
- 상대방의 말과 행동에 대하여 '나'를 주어로 해서 내가 본 것과 들은 것, 내 느낌, 내가 원하는 것을 말하는 대화법

예)	다른 반 친구가 허락 없이 내 사물함에서 내 체육복을 가져갔을 때	
	비폭력 말하기 방법	비폭력 말하기 예
관찰	내가 본 대로 들은 대로 말하기	"내 사물함에 있던 체육복이 보이지 않아."
느낌	나의 마음, 느낌 이야기하기	"(체육복을 입고 나가야 하는데 없어서) 화가나."
욕구	내가 필요로 하는 것, 원하는 것 말하기	"내 체육복 혹시 네가 가져 갔니?"/ "네가 가져 갔는지 알고 싶어."
부탁	내가 원하는 것 요청하기	"다음부터 필요하면 미리 말해 줄래?"/ "미리 말해 주면 좋겠어."

■ 조별 활동
- 각자 비폭력 대화법으로 쓰고 돌아가면서 말해 보기
 (예시 1개 선택)

예시	
1.	모둠 활동을 할 때 무관심하고 같이 하지 않는 친구에게
2.	만나기로 약속한 친구가 다른 친구와 영화 보러 간 것을 알게 되었을 때

관찰	느낌	욕구 / 필요	부탁

■ 전체 활동 - 활동 후 느낀 소감 공유하기

활동 후 모습

☀ 수업 후 거친 표현을 하는 친구들에게 "야, 도덕 시간에 비폭력 대화를 배웠잖아!"하면서 평화적 의사소통을 하라고 서로 권하는 흐뭇한 광경이 연출되었다.

☀ '나 전달법' 활동을 함으로써 핑계를 대거나 남을 탓하는 대화 보다는 주체적으로 자신의 의사를 밝히는 습관이 정착되었다.

다. 적극적 경청과 공감으로 개방적인 자세 갖기

목적 | 적극적 경청을 경험함으로써 상대방의 마음을 헤아리고, 존중하는 자세를 갖는다.

방법 & 활동 내용

❶ 일상생활에서 적극적 경청의 중요성과 방법을 설명하고 예를 든다.

❷ 4~5명 조별로 앉고 적극적 경청 관련 활동지를 배부한다.

❸ 빙 둘러 앉아 먼저 최근 들어 가장 즐거웠거나 행복했던 일을 돌아가면서 이야기하게 하고, 나머지 사람들은 박수를 치거나 옆에 사람과 손장난을 하거나 듣지 않게 한다. 학생 수가 많으면 8~10명 정도 소그룹으로 나누어 하면 된다.

❹ 두 번째로는 빙 둘러 앉아 최근 들어 가장 슬펐거나 속상했던 일을 돌아가면서 이야기하게 하고, 나머지 사람들은 집중하여 듣게 한다.

❺ 활동을 하고 난 후의 느낌과 생각을 마인드맵으로 표현하고 두 활동에 대한 소감을 활동지에 간단히 작성한 후 돌아가면서 발표하며 서로의 느낌을 나눈다.

적극적 경청

( )학년 ( )반 이름 ( )

■ 적극적 경청 (비쥬얼 씽킹)

```
                    적극적
                    경청
```

■ 조별 활동
- 빙 둘러 가며 최근에 가장 즐거웠던 일 돌아가면서 말해 보기
- 듣는 사람은 적극적 경청에 반대되는 방법(딴청하기, 비판하기, 끼어들기, 옆 사람과 잡담하기, 다리 흔들기, 박수 치기, 공격하기 등)으로 듣기
- 빙 둘러 가며 최근에 가장 화났던 일 돌아가면서 말해 보기
- '적극적 경청' 방법으로 친구들의 이야기를 듣기

■ 소감 나누기

친구들이 내 이야기를 적극적으로 들어 주지 않을 때	친구들이 내 이야기를 적극적으로 들어 주었을 때

활동 후 모습

☀ 적극적 경청에서 슬펐던 일을 이야기하며 우는 친구도 발생했으
며, 평화적 의사소통이 왜 중요한 지를 친구들과 함께 해 보면서 체
험하게 되었다.

☀ '적극적 경청' 활동 이후, 소감 나누기를 하면서 자신의 이야기를
친구들이 듣지 않는 것이 얼마나 기분이 나쁜 지를 몸소 체험하고,
친구들을 서로 더 잘 이해하게 되었으며, 친밀도가 높아지는 기회
가 되었다.

2 지구공동체가 함께 해결할 과제 찾기

가. 우리가 국제연합 총회를 개최한다면?

목적 | 모의 국제 연합 총회를 개최하여 외교적으로 우리나라의 입장과
       역할을 살펴본다.

방법 & 활동 내용

❶ '모의 국제 연합 총회'를 개최하기 위해 다 같이 논의해 보고 싶은 의
제를 자유롭게 말하면서, 칠판에 적어 그 중에서 제일 많은 지지를 받
은 주제를 선정한다.

❷ 1학년은 환경 관련 문제, 3학년은 북한 관련 문제를 논의해보고 싶다고 하여 다음과 같이 의제를 정했다.

의제	국제 에너지 자원 문제와 그 해결책은? (1학년)
	북한의 핵무기 개발을 어떻게 할 것인가? (3학년)
역할	의장 : 중립적 입장에서 회의 진행
	회의 참여국 : 자국의 입장 표명과 해결책 제시, 결의안 채택
방법	▶ 개회 선언 ▶ 자국의 입장 표명과 해결책 제시(주장-이유-근거) ▶ 결의안 채택(찬성, 반대, 기권 투표) ▶ 돌아가면서 소감 나누기
참여국	1학년 : 석유 수출국(사우디아라비아), 가스 수출국(러시아), 재생 에너지국(네덜란드), 개발도상국(인도), 중국, 미국, 한국, 프랑스
	3학년 : 한국, 북한, 미국, 러시아, 중국, 일본

\

모의 국제 연합 총회 개요서

학년   반   번 이름 :

◎ 의제 : 국제 에너지 자원 문제와 그 해결책은?

역할 (나라명)		
입장 제시	주장	
	이유	
	근거 (사례)	
반론 및 질문		
보충자료		

모의 국제 연합 총회

학년   반   번 이름 :

◎ 의제 : 국제 에너지 자원 문제와 그 해결책은?

담당 (이름)	역할	각 국의 입장(결의안) 주장-이유-근거
의장 (　)	회의 진행	중립적 입장
석유수출국가(OPEC): 사우디아라비아 (　)	자국의 입장 표명과 해결책 제시	
가스 수출국 : 러시아 (　)		
재생에너지: 네덜란드 (　)		
개발도상국 : 인도 (　)		
중국 (　)		
미국 (　)		
한국 (　)		
프랑스 (　)		
결의안 결과	각 입장에 대한 찬성, 반대, 기권 투표	
소감		

☀️ 우리나라를 둘러싼 주변국들의 북한 핵문제, 에너지 자원 문제, 지구촌의 환경오염이나 지구온난화 문제에 대한 입장 자료를 찾으면서 주변국의 외교 정책을 이해하고 공부하는 시간이 되었다.

☀️ 북한 핵문제나 에너지 및 환경 문제는 국제적 협력으로 해결해야 됨을 알게 되었으며, 오늘날 대부분 나라는 자국과의 이해관계에 의해 외교 정책을 펼친다는 것을 새삼 인식할 수 있었다.

☀️ 북한의 핵이나 국제 에너지 문제는 국제적 협력으로 원만하게 해결되지 않을 경우 지구촌의 큰 재앙이 될 수 있음을 깨닫고, 이 문제에 대해 우리나라 정부나 국민이 많은 관심을 가져야 된다는 것을 알게 되었다.

나. 전쟁은 정당화 될 수 있는가?

목적 | 지구촌에서 발생되고 있는 테러나 전쟁을 살펴보고, 난민이나 전쟁문제에 대해 토론해 본다.

방법 & 활동 내용

❶ 토론 전에 다음 그림책을 선정하여 친구들 앞에서 돌아가면서 읽어 주었다.

그림책	경극이 사라진 날 (1학년)
	잃어버린 아이들 (3학년)

❷ 토론은 다음과 같은 순서로 진행했다.

1학년	그림책 활용 브레인 라이팅 조별 의견 나누기	생각열기와 생각분류하기 ▶ 각자 적은 의견을 발표하고, 포스트잇에 적어 붙이기 - 분류에 따라 제목 붙이기
	그림책 활용 브레인 라이팅 전체 의견 나누기	전체 생각 및 소감 나누기 ▶ 조별 분류된 의견을 발표하고, 전체 의견을 포스트잇에 따라 분류하기 - 분류에 따라 제목 붙이기
	논제 선정	전쟁은 정당화 될 수 있는가?
	토론 개요서 작성	자신의 입장을 정해 토론 개요서를 작성
	토론 실시	찬반 원탁 토론
3학년	생각 나누기 및 논제 정하기	◎ 생각 열기 ▶ 제목과 앞표지를 보고 어떤 느낌이 들었나요? ◎ 생각나누기 　　▶ 가장 인상 깊은 내용이나 문장을 쓰고 돌아가면서 이야기 나누기 - 이유도 같이 제시 　　▶ 친구들의 이야기를 듣고 가장 가슴에 와 닿는 내용(말)을 쓰고 이야기 나누기 - 이유도 같이 제시 ◎ 생각 정리하기 　　▶ 그림책을 읽고 토론해 보고 싶은 주제 토의하여 정하기
	논제 선정	난민을 다 받아 주어야 하는가?
	토론 개요서 작성	찬반으로 나누어 조별 개요서 작성하기
	토론 실시	찬반 원탁 토론

❸ 찬반 원탁 토론의 순서는 다음과 같이 진행했다. 1학년은 논제의 성격 상 찬반으로 나누어하기 어려워 자유 원탁 토론에 가깝게 실시했다.

원탁토론
▶ 1차 발언(작품 소감, 1분)
▶ 2차 발언(자신의 입장 – 주장, 이유, 근거, 1~2분씩)
▶ 3차 발언(질문 및 반론, 1~2분)
▶ 4차 발언(반론 및 답변, 1~2분)
▶ 최종 발언(1~2분)
▶ 토론 후 나의 변화(1분)

그림책 활용 브레인 라이팅 토론 조별 의견 나누기

학년   반   조

◎ 책제목 _____

◎ 토론 주제 _____

◎ 생각열기와 생각분류하기 ▶ 각자 적은 의견을 발표하고,
  포스트잇에 적어 붙이기
  – 분류에 따라 제목 붙이기

그림책 활용 브레인 라이팅 토론 전체 의견 나누기
학년   반

◎ 책제목 _____

◎ 토론 주제 _____

◎ 전체 생각 및 소감 나누기 ▶ 조별 분류된 의견을 발표하고,

  전체 의견을 포스트잇에 따라 분류하기

  – 분류에 따라 제목 붙이기

그림책 활용 원탁 토론1

학년   반   번 이름 :

◎ 책제목 _____

◎ 생각 열기 ▶제목과 앞표지(책)를 보고 어떤 느낌이 들었나요?

_____

_____

◎ 생각나누기 ▶가장 인상 깊은 내용이나 문장을 쓰고 돌아가면서 이야기 나누기

내용이나 문장	이유

▶친구들의 이야기를 듣고 가장 가슴에 와 닿는 내용(말) 쓰기

내용이나 문장	이유

◎ 생각 정리하기 ▶그림책을 읽고 토론해 보고 싶은 주제 토의하여 정하기

이름	논제	이유
결정된 주제		

- 192 -

그림책 활용 원탁 토론 활동2

학년　　반　　번 이름 :

토론자	(　　)학년 (　　)명 이름(　　　　　)		
사회자			
논제			
1차 발언 작품소감 (1분)			
2차 발언 (자신의 입 장, 1~2분)	입장	찬성 (　) 　　반대(　)	
	주장		
	이유		
	근거 (사례)		
3차 발언 (질문 및 반 론, 1~2분)	질문		
	반론		
4차 발언 (반론 및 답 변,1~2분)			
최종 발언 (1분)			
토론 후 나의 변화			

그림책 활용 비쥬얼 씽킹

( )학년 ( )반 ( )번   이름 :

주제 : _____

그림책을 읽고 나의 생각을 그림과 글로 나타내고 발표해
봅시다.

그림책 제목	
읽은 날짜	년 월 일 교시
그림책(표지)에 대한 나의 느낌 이나 생각	
그림책 내용 & 나의 생각	
인상 깊은 내용 이나 모습 그림으로 표현 하면?	

활동 후 모습

☀️ 그림책을 활용하여 책에 대해 소감이나 느낌을 돌아가면서 나눈 후 브레인라이팅을 하고 원탁 토론에 들어가니, 토론에 대한 워밍업이 되고, 토론에 대한 집중도가 높아졌다.

☀️ 그림책을 활용한 브레인라이팅, 원탁 토론은 수업에 흥미를 갖게 하고, 상대방의 이야기를 경청하는 자세와 논제 합의 과정, 자신의 입장을 논거에 입각하여 말하는데 많은 도움을 주었다.

☀️ 그림책의 이미지와 내용이 수업 참여에 적극적이지 못한 학생들의 호기심을 자극 하고, 많은 학생들의 상상력을 지구촌 곳곳에 이르게 해 주는 좋은 역할을 했다.

다. 지구공동체의 재난 원조를 확대해야 하는가?

목적 | 지구촌에서 발생하는 다양한 재난에 대해 우리나라의 대응 방법을 토론으로 생각해 본다.

방법 & 활동 모습

❶ 지구공동체가 처해 있는 여러 가지 문제 상황을 논의한 뒤에 문제 해결 방안으로 제시된 재난 원조에 대해 '우리나라는 지구공동체의 재난 원조를 확대해야 하는가?'라는 토론 논제를 선정하고, 찬성과 반대의 입장도 정한다.

❷ 우리나라가 국가적, 개인적 차원에서 다른 나라의 자연적, 사회적 재난에 대해 어떻게 지원하고 있는지를 조사한다.

❸ 토론 개요서 작성 시간에 자료 조사를 해 온 학생들은 그 자료에 입각

해서 개인별 개요서를 쓰고, 그렇지 못한 학생은 스마트폰을 활용하여 자료 검색을 하면서 토론 개요서를 작성한다.

❹ 개인별 개요서를 완성한 후에 이것을 바탕으로 같은 토론 조끼리 모여 조별 토론개요서를 작성한다.

❺ 토론 순서는 세다식 찬반 토론을 조금 변형해서 다음과 같이 했다. 양쪽 다 똑 같은 기회를 부여하고, 입론, 1차 발언은 찬성 측에서 시작하고, 2차 발언과 최종 발언은 반대 측이 먼저 한다.

> 입론(3분) – 교차 질문(2분) – 1차 작전회의(2분) – 1차 반론(3분) – 교차 질문(2분) – 2차 작전회의(2분) – 2차 반론(2분) – 최종발언(3분).

(도덕)과 (3)학년 교수 학습 지도안

단원명	Ⅲ.4.(3) 지구 공동체가 처한 상황을 어떻게 개선할 것인가?	학급	3-1	일시	201 . . .
		장소	3-1	교시	7교시
교육과정 재구성내용	다른 나라에 대한 재난 지원 활동	차시	3/7	지도 교사	장 0 0
융합주제	다른 나라에 대한 재난 지원 활동에 대한 찬반 토론				
성취기준	세계화 시대에 한국인으로서의 정체성의 원천을 정신적·도덕적 가치의 측면에서 파악하고, 이를 바탕으로 세계 속의 한국인의 역할과 과제를 발전적으로 이해하며, 오늘날 지구 공동체가 처한 문제 상황을 개선할 방법을 구체적으로 설명할 수 있다.				
학습 목표	오늘날 지구 공동체가 처한 문제 해결을 위한 우리의 역할과 노력을 이해하고 실천한다.				

과정	교수 · 학습 활동	준비물 및 유의점
도입(5분)	* 인사 및 출석 확인 * 개인별 토론개요서가 준비 되었는지 확인 * 배심원 평가지 및 토론 수업일지 배부	활동지, 책, 필기도구

전개
(35분)
	1) 학습 목표 제시
	2) 지구공동체의 의미 설명
	3) 지구공동체를 위해 생각해 볼 문제 제시
	* 개인별로 두 주제에 대해 각각 자유롭게 발표
	  – 지구공동체가 안고 있는 문제
	  – 지구촌 평화와 번영을 위한 노력
	4) 전체 찬반 토론
	* 논제: '우리나라는 다른 나라의 재난에 대해 원
	          조를 확대해야 하는가?'
	  찬성팀 : 1조, 반대팀 : 2조
	* 정해진 순서에 따라 토론을 진행
	  – 입론-교차 질문-1차 작전회의-1차 반론-
	  교차질문-2차 작전회의-2차반론-최종 발언
		PPT
		
		활동지

정리 및 평가(5분)	1) 찬반 토론 전체적으로 평가하기 * 학생들 각자 내린 배심원 평가지 참고 – 토론과정에 대해 자유롭게 소감 발표하기 2) 토론에 대한 교사 총평 * 토론 과정에서 잘한 점이나 아쉬웠던 점을 말 하고, 빠뜨린 부분을 정리함. * 수업에 대한 전체적인 총평	배심원 평가지 토론 일지
차시예고	* 다음 수업 시간 주제 확인	PPT

활동 후 모습

☀ 지구촌 재난 원조 확대에 대한 서로의 입장을 펼치고 질의 응답을 함으로써 토론 수업이 활기차고, 주어진 논제의 두 관점에 대한 이해의 폭이 넓어졌다.

☀ 찬성과 반대 측이 번갈아 가면서 정해진 토론의 규칙을 지키며 논리적으로 배심원 및 상대방을 설득하려는 자세가 길러졌다.

☀ 지구공동체의 재난 문제에 대해 국가적 · 개인적 차원에서 어떻게 하는 것이 바람직한가에 대해 생각해 보는 시간이 되었고, 재난 원조 지원국이나 그 반대의 국가의 입장을 이해하고 공감하는 기회가 되었다.

3 미래 세대를 위한 지속가능한 발전 추구하기

가. 기후 변화를 줄이는 방법 찾기

목적 | 생태계가 상호의존적으로 연결되어 있음을 알고, 지구공동체의 현 세대 뿐만 아니라 미래 세대를 위한 기후 변화에 따른 공동 대처 방안을 살펴본다.

방법 & 활동 내용

❶ '기후 난민과 지속가능한 발전' 첫 번째 시간에는 투발루 사례를 통해 기후 난민의 어려움을 살펴보고, 위와 같은 사례가 발생하는 이유에 대해서는 옆 짝궁과 이야기를 나누고, 지구 온난화와 같은

기후 변화가 발생하는 원인에 대해서는 앞뒤 짝꿍과 하브루타 토론
으로 이야기를 나누었다.

❷ '기후 난민과 지속가능한 발전' 두 번째 시간에는 기후 변화로 발생
하는 문제점, 기후 변화를 줄일 방안과 우리가 실천할 일, 미래 세대
를 위한 우리의 제안, 미래 세대를 위한 지속가능한 발전(의미, 구
체적 실천사례) 등을 조원들과 토론하여 조별 의견을 정리하고 발
표를 했다.

❸ '기후 난민과 지속가능한 발전' 세 번째 시간에는 창의적 체험 활동
시간에 실시한 인근 하천 환경 봉사 활동에 대해 기후 변화와 환경
문제를 연결하여 소감문을 작성하고, 발표하여 공유했다.

토론 내용 : 기후 변화를 막기 위한 우리의 할 일

1. 나무를 심어 지구를 푸르게 하여 산소 배출량을 늘린다.
2. 대기 오염을 줄이기 위해 자가용 이용을 줄이고, 자전거나 대중교통을 이용한다. 가능하면 걸어 다닌다.
3. 물건을 사고 팔 때 비닐봉지를 사용하지 말고, 장바구니나 종이 가방을 사용한다.
4. 쓰레기는 쓰레기통에 꼭 버리고, 분리수거를 잘하고, 쓰레기양을 줄인다.

학생들의 봉사활동 소감

◇ 하천의 주변 쓰레기를 주우면서 우리의 마음도 깨끗해지는 것 같아서 정말 부듯하고 여러 가지 다양한 봉사활동을 할 수 있어서 좋았다.
◇ 학교 주변을 돌아다니며 봉사활동을 할 때, '우리' 덕분에 길거리가 깨끗해지는 것을 보고 부듯하였으며, 우리 반 친구들의 사이가 가까워지는 것 같아서 좋았다.

기후 난민과 지속가능한 발전1

( )학년 ( )조 이름 (   )

◎ 기후 난민 사례

안녕! 난 투발루에 사는 미리얀이야. 난 지금 중학생이고, 너희들처럼 꿈을 실현하기 위해 하루하루 열심히 살고 있어. 나의 꿈은 건축가야. 난 많은 사람이 함께 어울릴 수 있는 공공 건물에 관심이 많아. 그런데 요즈음 우리나라가 처한 상황 때문에 나의 꿈을 실현할 수 있을지 걱정이야.

남태평양의 폴리네시아에 있는 투발루는 세계에서 네 번째로 국토 면적이 작은 섬나라야. 4개의 바위섬과 5개의 산호섬으로 이루어져 있는데, 현재 9개의 섬 중에서 2개의 섬은 바닷물에 잠겨 버린 상태야. 지구 온난화 현상으로 해수면이 상승했기 때문이지. 국민들은 온실 가스의 배출량을 줄이기 위하여 자동차의 사용을 자제하고, 저지대의 침수를 막기 위해 제방을 쌓기도 했지만 우리들만의 노력으로는 해수면이 상승하는 것을 막을 수 없었어. 해수면이 상승하면서 바닷물이 들어와 지하수를 오염시켜 마실 물도 부족하고, 예전처럼 농사를 지을 수도 없어. 결국 우리나라는 국토 포기 선언을 하고, 이웃 국가들에게 이민자로 받아 줄 것을 호소했지만 까다로운 이민 조건으로 이마저도 쉽지 않은 상황이야. 우리나라에는 커다란 공장도 없고, 자동차도 많지 않아서 지구 온난화 현상에 별다른 영향을 미치지 않았는데도 가장 큰 피해를 보고 있는 셈이지. 우리가 사는 세상이 공평해지기 위해서는 먼저 온실가스를 많이 배출한 국가들이 책임을 인정하고, 기후 변화로 고통받는 우리나라와 같은 국가들에 지원을 확대해야 한다고 생각해. 정의가 있다면 그런 것이 아닐까? 넌 어떻게 생각하니?

1. 투발루와 같은 사례가 발생하는 이유는?

대화(옆짝궁:)	대화(나:)

2. 지구온난화와 같은 기후 변화가 발생하는 원인은?

대화(앞뒤짝궁:)	대화(나:)

기후 난민과 지속가능한 발전2

(   )학년 (   )조 이름 (   )

◎ 조원들과 토론하여 조별 의견을 정리하세요.

1. 기후 변화로 발생하는 문제점은?

2. 기후 변화를 줄일 방안과 우리가 실천할 일은?

3. 미래 세대를 위한 우리의 제안(조별)

4. 미래 세대를 위한 지속가능한 발전(조별)

의미	
실천 사례	

활동 후 모습

☀ 기후 난민, 지속가능한 발전을 스토리텔링과 토론으로 접목시켜 살펴봄으로써 지구촌의 기후 변화는 국제 협력을 통해 함께 노력하여 해결해 나가야 함을 깨닫게 되었다.

☀ 생태계가 모두 연결되어 있다는 인식하에 지구공동체의 문제를 현세대 뿐만 아니라 미래 세대를 위해 무엇을 할 것인지 토론을 통해 이끌어내고 실천하고자 노력하는 자세를 지니게 되었다.

나. 공정무역을 바로 알고 참여하기

목적 | 지구공동체가 함께 더불어 발전하기 위한 방안으로 공정 무역에 대해 알아보고, 실천할 수 있다.

방법 & 활동 내용

❶ 공정무역에 쉽게 다가가기 위해 '스토리텔링으로 공정 무역을 하자' 첫 번째 시간에는 '공정무역-행복한 카카오 농장 이야기' 그림책을 읽고 하브루타 토론을 실시했다. 하브루타 토론의 진행은 다음과 같이 했다.

①	그림책 읽기	돌아가면서 친구들 앞에서 읽어 주기
②	개별 활동	그림책 이야기를 듣고 함께 나누고 싶은 질문 만들기
③	모둠 활동	우리 조에서(가장) 좋은 질문 찾기

④	전체 활동	각 조에서 선정된 좋은 질문을 활동지에 다 같이 쓰고 짝궁과 서로 번갈아 가면서 질문에 답하면서 대화하기
⑤	인터뷰카드	앞, 뒤, 대각선 친구 3명과 돌아가면서 그림책 내용 중에서 가장 중요하다고 생각하는 단어(가치)를 3가지 물어서 적고 이야기 나누기(조별 3명씩도 가능)

❷ 두 번째 시간에는 '스토리텔링으로 공정 무역을 하자' 활동지를 준비하여 공정 무역 관련 이야기를 읽어 준다. 활동지 내용 구성은 다음과 같다.

햄버거에 대한 불편한 진실 사례 같이 읽기 → 햄버거 생산이 자연과 노동 환경에 미치는 영향 조별 토론 → 바람직한 노동 환경과 건강한 먹거리를 위해 내가 실천할 일(개별적으로 쓰고 빙 둘러 앉아 이야기 나누기, 학생들 인원이 적으면 다 이야기를 할 수 있지만, 인원이 많을 경우는 희망자만 실시)

❸ '스토리텔링으로 공정 무역을 하자' 세 번째 시간에는 공정무역을 구체적으로 실천할 수 있는 방법을 논의하고 실천할 수 있도록 한다. 활동지 내용 구성은 다음과 같다.

'마쉴라의 초콜릿 – 다국적 기업의 초콜릿 이야기' 같이 읽기 → 마쉴라가 아직 초콜릿을 먹어 보지 못한 이유 → 카카오를 생산하는 농부와 초콜릿을 사 먹는 소비자 모두에게 도움이 되는 방법 → 공정무역의 의미와 특징 → 공정무역을 위해 노력할 일(조별로 토론하여 정리하고 조별 대표가 발표하여 공유)

( )학년 ( )조 이름 ( )

공정무역을 하자 1

◎ 햄버거에 대한 불편한 진실

햄버거 000 회사는 세계에서 가장 큰 레스토랑 체인점인 동시에 세계 최대의 소고기 소비자이기도 하다. 이 회사에서 햄버거와 치킨 너겟을 만들 때에 쓰이는 주재료는 소와 닭이다. 이 동물들에게 먹이는 사료는 주로 브라질에서 수입한다. 이 때문에 동물의 사료로 쓰이는 콩이 엄청난 규모로 경작되는데 이 땅을 마련하기 위해 열대 우림을 파괴하고 있다. 또, 여기서 일하는 농부들은 대지주로부터 최저 임금밖에 받지 못하거나 착취를 당하기도 한다. 동물 사료로 쓰일 곡물을 생산하려면 사람이 먹을 곡식을 기르는 것보다 7배나 넓은 땅이 필요하다. 또한, 유전자 변형으로 생산된 콩을 먹여 소를 기르기 때문에 햄버거를 사 먹는 사람들의 건강까지도 해칠 수 있다.

이뿐만 아니라 000 회사는 어린이들을 대상으로 장난감을 끼워 주는 상품까지 팔고 있다. 여러 사회단체의 보고에 따르면 이 상품을 만들기 위해 가난한 나라의 12~13세 어린이들은 일당 1.5유로(2015년 기준, 우리나라 돈으로 약 2,000원)를 받고 일을 하였다고 한다. 또 아시아의 몇몇 나라에서는 근로자들이 장시간 노동하면서 최저 임금이나 초과 근무 수당을 제대로 받지 못하였다고 한다.

1. 햄버거 생산이 자연과 노동 환경에 미치는 영향

_____

_____

2. 바람직한 노동 환경과 건강한 먹거리를 위해 내가 실천할 일

_____

_____

_____

_____

_____

◎ 마쉴라의 초콜릿 – 다국적 기업의 초콜릿 이야기

안녕? 내 이름은 마쉴라야. 올해 12살이 되었어.

나는 아프리카 대륙의 서쪽에 위치한 '말리'라는 나라에서 태어났어. 우리 집이 가난해서 10살 때 부모님이 나를 15달러에 팔았고, 나는 학교에도 못 가고 아프리카 대륙 서쪽의 코트디부아르라는 나라로 오게 되었어. 코트디부아르는 전 세계에서 초콜릿 원료인 카카오를 가장 많이 재배하는 나라야. 나는 카카오를 재배하는 농장에서 일해. 새벽 5시에 일어나 무거운 농기구를 머리에 이고 6km를 맨발로 걸어서 농장에 도착하면 바로 일을 시작해. 10m가 넘는 카카오 나무에 올라가 열매를 따고 손도끼로 열매를 갈라 카카오 씨를 빼내. 내게 주어진 일의 양을 채우지 못하면 음식을 먹을 수 없어. 그래서 쉬지 않고 일할 수밖에 없지. 그런데 일을 한다고 돈을 주진 않아. 엄마, 아빠도 보고 싶고 학교에도 다니고 싶어. 우리가 작업한 카카오는 잘사는 나라로 가져가서 초콜릿으로 만든다고 하는데 나는 아직 초콜릿을 먹어 보지 못했어. 그래서 초콜릿이 어떤 맛인지 궁금해. 너희는 초콜릿을 먹어 봤니? 달콤해?

스토리텔링으로 알아보는 공정무역

( )학년 ( )조 이름 ( )

공정무역을 하자 2

1. 마쉴라가 아직 초콜릿을 먹어 보지 못한 이유는?

| |
| |

2. 카카오를 생산하는 농부와 초콜릿을 사 먹는 소비자 모두에게 도움이 되는 방법은?

| |
| |

◎ 공정무역이란?

| |
| |

◎ 공정무역의 특징

1.
2.
3.
4.

◎ 공정무역을 위해 노력할 일

1.
2.
3.
4.

바람직한 노동 환경과 건강한 먹거리를 위해 실천할 일

노동 현장은 노동자의 월급이 잘 지켜지도록 노력하고, 중간 유통 과정에서 부당 이익이 생기지 않도록 직거래를 하는 것이 필요하다.

그래서 노동자들의 주장이나 어려움에 관심을 가져야 한다.

가격이 조금 더 비싸더라도 수제로 만든 것을 먹어야 한다.

(학생 글)

공정무역을 위해 노력할 일

◇ 생산자의 이익이 보장되는 착한 소비하기

◇ 국가 간에 대등한 무역이 이루어지는지 관심 갖기

◇ 생산자와 소비자 양쪽 다 win-win할 수 있는 직거래하기

◇ 가공을 하지 않은 식품이나 재료를 생산자에게 곧바로 사기

(조별 의견 정리)

활동 후 모습

 평상 시 먹거리의 문제점을 인식하고, 생태 환경도 지키고, 몸을 건강하게 하는 먹거리에 대해 고민하고 실천하게 되었다.

공정무역이라는 다소 어려운 주제를 스토리텔링으로 접근함으로써 학생들이 쉽게 이해하고, 불공정 무역으로 피해를 보는 사람들의 입장을 잘 헤아릴 수 있게 되었다.

다. 절대 빈곤 퇴치를 위해 노력하기

목적 | 지구공동체의 해결해야 할 가장 시급한 문제 중의 하나가
기아 문제임을 알고 해결방안을 찾아 실천할 수 있다.

방법 & 활동 내용

❶ 학생들은 지구촌의 기아 문제를 지구공동체가 함께 발전하기 위해서
해결해야 할 시급한 문제 중 하나로 꼽았다.

❷ '스토리텔링으로 하는 식량 & 기아문제' 의 수업은 2차시로 나누어
진행되었으며, 활동 내용은 다음과 같다.

> '서아프리카 시에라리온의 다이아몬드 이야기' 같이 읽기 → 국제 빈
> 곤선 알아보기 → 지구촌의 절대 빈곤 지역의 실생활과 어려움에 대해
> 조별 토론하기 → 조별 토론 된 결과 발표 및 공유

> '소말리아 해적 이야기'같이 읽기 → 세계의 식량 부족과 기아 문제 조
> 별 토론 → 식량 부족과 기아 문제 해결을 위해 우리가 참여할 수 있는 일
> 조별 토론 → 조별 토론 된 결과 발표 및 공유

세계는 풍요로운데 왜 굶주리는가?

1. 현재 지구촌에서 절대 빈곤 지역으로 알려진 곳의 사람들이 겪는 어려움은?

열악한 풍토와 환경 때문에 곡식을 기르거나 물고기를 잡는 것도 불가능하여 끼니를 거르고, 물도 제대로 마실 수 없다.

2. 세계가 겪고 있는 식량부족과 기아 문제의 원인은?

부유한 국가와 빈곤한 국가의 불균형한 무역, 사람들의 무관심

3. 식량 부족과 기아 문제의 해결을 위해 우리가 참여할 수 있는 활동은?

◇ 로봇을 이용해서 작물을 생산하고 식량을 얻는다.

◇ 바이오 연료 정책이 필요하다.

◇ 식량이 부족한 국가에 후원한다.

◇ 식량을 많이 만들어 부족한 국가에 나누어 준다.

〈식량 부족과 기아 문제 조별 학생 토론 내용〉

( )학년 ( )조 이름 ( )
세계는 풍요로운데 왜 굶주리는가?

◎ **국제 빈곤선이란?**

만약 '인간다운 생활'에 대한 국제적 합의가 있다면 이를 바탕으로 최저 생계비를 산정할 수 있겠지만, 실제로는 이와 같은 합의가 존재하지 않는다. 이에 따라 세계은행(World Bank)은 1인당 소득이 낮은 국가들의 빈곤선을 수집한 후, 그 평균을 구하는 방법으로 국제 빈곤선을 설정하였다. 세계은행에서 1985년 기준으로 산출한 국제 빈곤선은 월 31달러 또는 1일 1달러 정도였다. 이후 지속적으로 조정을 거쳤으며, 2015년 국제 빈곤선은 1일 1.90달러로 조정되었다.

◎ **자원은 선물인가, 불행인가?**

나이지리아 니제르 델타에 사는 83세 농부는 "석유가 개발되기 전에는 이곳에서 곡식도 기르고 과일도 풍성하게 수확했죠. 강에서 물고기를 잡고 수영을 하며 놀았어요. 하지만 외국 석유 회사가 들어오고 나서는 모든 것이 달라졌어요."라고 말한다.

나이지리아는 아프리카 최대의 산유국이자 세계 10위권의 원유 수출국이다. 하지만 흔히 '검은 황금'이라고 불리는 석유는 더는 이들에게 희망이 될 수 없다. 외국계 대기업 석유 회사가 들어와 50여년간 개발하면서 바다는 기름 유출로 회복이 불가능할 만큼 오염되었고, 개발로 얻은 이익은 다국적 석유 회사와 부패한 나이지리아 정부 관리들에게만 돌아갔다.

매일 치솟는 연기와 유독 가스로 신음하면서도 바다에서 물고기 몇 마리도 건지지 못하는 어민들은 분노와 절망으로 대기업 석유 회사 직원들을 납치하거나 테러를 감행하는 등 극단적인 행동을 하고 있다.

서아프리카의 시에라리온은 세계 최고의 품질을 자랑하는 다이아몬드 산지이다. 1990년대 여러 차례 내전이 이어지는 동안 정부군에 대항하는 반군들이 무기 구입 자금을 마련하기 위해 주민들을 무자비하게 동원하여 다이아몬드를 채굴하였다. 이 다이아몬드는 이웃 나라인 라이베리아로 밀반출된 후, 런던을 비롯한 세계 곳곳으로 팔려 나갔다. 시에라리온 정부 또한 광산 자원 개발권을 양도하는 조건으로 내전에 개입해 달라고 용병 회사와 계약을 맺었다. 전투에 참여한 용병들은 남아프리카 공화국이나 영국의 군인 출신들이었고, 서방 국가들은 그들의 활동을 눈감아 주었다. 즉, 다이아몬드 이권 다툼에 반군과 정부군, 다국적 용병들이 관여하였던 것이다. 시에라리온 내전은 수많은 난민과 사망자, 소년병, 부상자를 남기고 지난 2002년 국제 연합(UN)의 개입으로 일단 종료되었다. 이 사건을 계기로 남아프리카 공화국의 킴벌리에서는 전 세계 40개국이 참여하여 분쟁지역의 불법적인 다이아몬드를 구매하지 않겠다는 '킴벌리 협약'을 맺었다. 이 협약은 무기 거래, 인권 유린, 다이아몬드의 불법적인 생산과 유통을 금지하고 있다.

  1. 현재 지구촌에서 절대 빈곤 지역으로 알려진 곳의 사람들이 실생활에서 어떤 어려움을 겪고 있을까?

    ————————————————————————

    ————————————————————————

( )학년 ( )조 이름 ( )

세계는 풍요로운데 왜 굶주리는가?

◎ 그들은 왜 해적이 되었나?

혹시 소말리아 해적에 대해 들어 본 적이 있니? 조금 복잡하고 긴 이야기이지만 한번 들어 볼래? 소말리아는 코뿔소의 뿔처럼 생긴 동아프리카에 위치해 있어. 이 나라 사람들은 옛날부터 초원에서 유목 생활을 하였다고 해. 유럽 여러 나라의 식민 지배를 받을 때에는 종족별로 서로 다른 영토에 살았는데 독립을 할 때에는 종족을 고려하지 않고 같은 나라에 살게 되면서 많은 문제가 생겼지.

1969년 바레 대통령은 사회주의 경제 정책을 펼쳤지만 실패하고, 이웃 나라인 에티오피아와의 전쟁에서도 패배하자 미국에게 도움을 청하게 되었지. 이때부터 소말리아는 선진국의 세계화 요구를 받아들여 경제 자유화를 시작하였어. 목축업의 개인 소유를 인정하고 규모를 확대시켰는데, 자본이 많지 않은 소말리아의 육류 산업은 처음부터 미국이나 오스트레일리아의 육류 산업과 경쟁할 수 없었지. 게다가 소말리아의 화폐인 실링화의 가치가 떨어져 농업과 목축업의 생산비가 엄청 올라 목축업자 뿐만 아니라 목축용 사료를 재배하던 농부들도 큰 타격을 입었다고 해. 또, 외국의 채권자들은 곡물보다는 비싼 값을 받을 수 있는 바나나와 커피 같은 수출용 상품 작물을 재배하라고 요구하였지. 그 뒤 소말리아는 상품 작물을 수출하고 그 대금으로 곡물을 수입하게 되었단다. 하지만 상품 작물 가격이 낮은 해에는 곡물을 살 돈이 없어 많은 사람이 굶주림에 허덕이게 되었지.

더구나 1991년, 빚에 몰린 바레 정권이 물러나면서 반군에 의해 시작된 내전은 지금까지도 계속되고 있어. 외국의 큰 어선들은 무정부 상태인 소말리아 바다의 물고기를 싹쓸이해 버렸어. 또, 외국의 대형 선박들도 유독성 폐기물을 싣고 와서 소말리아 앞바다에 방류해 버렸지. 왜냐하면 폐기물 방류 비용이 유럽의 100분의 1에 불과하였기 때문이야. 대형 어선의 횡포와 해양 오염으로 바다에서 물고기가 사라지자 어부들과 도시의 실업자, 전직 해군 출신들이 모여들어 해적이 되었어.

1. 현재 지구촌에서 절대 빈곤 지역으로 알려진 곳의 사람들이 실생활에서 어떤 어려움을 겪고 있을까?

2. 세계가 겪고 있는 식량 부족과 기아 문제의 원인은?

3. 식량 부족과 기아 문제의 해결을 위해 우리가 참여할 수 있는 활동은?

1)

2)

3)

활동 후 모습

☀ 절대 빈곤국 사람들의 실생활에서 어려움이나 고통은 우리가 상상
했던 것 이상임을 인식하고, 지구촌 사람들 모두가 국가적으로나
개인적으로 관심을 가져야 함을 깨닫게 되었다.

☀ 지구촌 사람들의 기아 문제는 단순히 절대 빈곤국의 내부적 문제
만이 아니라, 국가 간 경제적 불공정에서 기인한다는 것을 알게 되
었으며, 이러한 구조적 문제를 개선하기 위한 국제적 협력의 필요
성을 절실히 느끼게 되었다.

4 시민교육 교과서 활용 토론 수업으로 세계 민주시민 되기

가. 교과와 시민교육 교과서 연계하기

목적 | 교과와 시민교육 교과서를 연계한 토론을 통해 우리 사회 및 지구
촌 문제에 관심 갖고, 사회 비판력과 참여도를 키워 일상생활 속
에서 세계 민주시민의 자세를 함양한다.

방법 & 활동 내용

❶ 경기도 교육청에서 펴낸 '민주시민', '세계시민', '통일시민' 3종 시
민교육 교과서 내용을 분석하여 도덕 교과와 연계하여 수업할 주제
를 뽑았다.

❷ 뽑은 주제를 시민교육 교과서에 제시된 이야기나 관련 신문기사, 동
영상, 그림책 등을 활용하여 토의 · 토론 수업을 진행했다.

❸ 시민교육 교과서 내용을 분석한 후, 주제별 관련 그림책을 25권 구입하고, 그림책을 활용하여 토론 논제를 정하고 하브루타 토론, 원탁 토론, 브레이라이팅 등을 실시했다.

❹ 2017년 지역교육청에서 실시한 '시민교육 교과서를 활용한 학생 토론 교실' 공모 사업과 연계하여 운영했다.

시민교육 교과서	주요 내용
민주시민	인권, 노동, 평등, 민주주의, 미디어, 선거, 참여
세계시민	상호의존성, 다양성, 환경과 생태, 빈곤, 인권, 인간 안보, 평화와 갈등해결, 지속가능한 발전
통일시민	나와 한반도, 분단과 평화, 평화적 갈등해결, 통일의 길, 통일과 우리의 미래

〈시민교육 교과서 내용 체계〉

차시	월	활동 내용	비고
1~10 (10차시)	3~11	● 주제별 찬반 토론 　- 동물 실험, 인간의 자율성, 사형제도, 지구공동체의 재난 원조, 폭력 방관자 문제	민주 시민 세계 시민
11~13 (3차시)	5	● 좋은 리더의 모습에 대한 토론 　- 관심 있는 대통령 후보 과제 수행 후, 개별 발표	민주 시민
14~19 (6차시)	5~6	● 5월 말 ~ 6월 초 : 통일교육주간 운영 ● 평화와 통일 관계 주장하기 문장 만들기 (주장, 이유, 근거) 　- 개별 활동 후 조별 활동 ● 통일 필요성에 대한 토론 　- 통일 한반도의 모습을 개별 및 조별 활동으로 살펴 본 후 프로콘 토론 ● 소수자 우대 제도 프로콘 토론	통일 시민 민주 시민
20~25 (6차시)	5~8	● 평화 프로젝트 피라미드 토론 　- 평화 프로젝트 과제 I, II 수행→개별 발표→주제 선정 후 피라미드 토론	세계 시민
26~27 (2차시)	9	● 모의 국제 연합 총회 　- 지구촌 에너지 문제 해결 방안은?(1학년), 북한 핵 문제를 어떻게 할 것인가? (3학년)	세계 시민
28~37 (10차시)	9~11	● 공정 무역, 기후 난민, 지속 가능한 발전, 기아 문제, 생명 존중 및 동물 학대에 대한 토의 · 토론 　- 그림책과 스토리 활용 원탁토론, 조별 토의, 브레인 스토밍 실시	민주 시민 세계 시민

〈시민교육 교과서 차시별 활동 내용〉

주요 활동 내용

○ 도덕 교과와 연계하여 시민교육('민주시민', '세계시민', '통일시민')
  교과서에서 토론 논제를 조별 협의를 통해 발췌

○ 다양한 토론 방법을 통해 다른 사람의 말을 경청하고, 존중하는 민주
  시민 의식 함양

○ 도덕 교과와 '민주시민', '세계시민', '통일시민' 교과서를 통한 다양
  한 주제의 토론은 세계 민주시민의 자질 및 자세 강화

○ '민주시민', '세계시민', '통일시민' 내용과 관련 깊은 그림책으로 스
  토리텔링과 토론을 연계하여, 피라미드 토론, 원탁 토론, 하브루타 토
  론, 브레인스토밍 등의 수업을 하여 세계 민주시민으로서의 공감 능
  력 및 감수성 향상

○ 주제별 프로젝트 과제 수행 후 찬반 토론이나 피라미드 토론으로 심
  화 학습 실시

○ '민주시민'이나 '세계시민' 교과서에 있는 이야기를 토의 · 토론 전
  에 스토리텔링으로 활용하여 학생들의 이해와 공감 능력을 향상
  (말랄라 이야기, 소말리아 해적 이야기, 불편한 햄버거의 진실 등)

○ 학생 활동 중심의 토론 수업 과정을 수행 평가 항목에 넣어 배움 중심
  수업 및 교수-학습-평가의 일체화를 꾀함

번호	주제	도덕 단원	민주시민 단원	실천 내용	학년
1	사회 참여 선거	Ⅰ.4.도덕적 실천	Ⅰ.2.우리 사회 참여 해 볼까? Ⅲ.1.우리의 대표는 누구일까?	대통령 (지방선거)후보자 조사	1학년
		Ⅰ.4.공부와 진로			3학년
		Ⅲ.3.국가구성원의 바람직한 자세		의무 투표제 토론	3학년
2	사회 참여 평화 연대 인권	Ⅰ.2.삶의 목적과 도덕	Ⅰ.2.우리 사회 참여 해 볼까? Ⅶ.2.무엇이 평화를 위협하는가?	평화 · 인권 프로젝트Ⅰ	1학년
					3학년
		Ⅱ.2.평화적 해결과 폭력 예방		폭력의 방관자도 가해자인가? 토론	3학년
3	자유 복지	Ⅲ.2.개인의 도덕적 삶과 국가의 관계	Ⅳ.3.자유의 조건	자유 인권 변호사 조정래 읽기	3학년
				국가의 국민의 자유 보장 토론	
4	평등	Ⅲ.3.인간존엄성과 인권	Ⅴ.3.평등한 세상은 이루어진다.	소수자 우대 제도는 필요한가? 토론	1학년

				나는 침묵했습니다. 시 읽기	
5	연대	Ⅲ.4.세계화 시대의 우리의 과제	Ⅵ.3.연대의 경계는 어딜까?	오드리 헵번 봉사 이야기 읽기	3학년
6	연대 인권	Ⅲ.2.문화의 다양성과 도덕	Ⅶ.3.더 나은 삶을 상상합니다.	프레드릭 그림책 토론	1학년
		Ⅲ.2.개인의 도덕적 삶과 국가의 관계		베이비 박스 토론	1학년
7	연대	Ⅲ.4.세계화 시대의 우리의 과제	Ⅶ.3.더 나은 삶을 상상합니다.	동영상 토론 (이태석 신부)	3학년

〈민주시민과 도덕 교과 연계〉

번호	주제	도덕 단원	세계시민 단원	실천 내용	학년
1	지속가능한 발전	Ⅳ.1.환경 친화적 삶	Ⅰ.2.더불어 살아가는 지구촌	100년 뒤 후손의 입장 되어 보기	1학년
				모의 국제 연합 총회 참여	1학년
					3학년
2	지속가능한 발전	Ⅳ.1. 환경 친화적 삶	Ⅱ.2.사라지는 숲과 초원	기후변화 완화를 위해 직업적으로 할 일	1학년
3	존중	Ⅲ.4.세계화 시대의 우리의 과제	Ⅲ.2.다양한 문화의 공존	문화적 갈등 사례 찾기	3학년
4	정의	Ⅲ.4.세계화 시대의 우리의 과제	Ⅳ.2.세계화와 공정한 자본주의	원조에 대한 토론	3학년
				다국적 기업 제한 관련 토론	3학년
5	평화	Ⅲ.3.분단 배경과 통일의 필요성	Ⅴ.1.오늘날의 전쟁	전쟁은 정당화될 수 있는가? 그림책 토론 ('경극이 사라진 날')	1학년

6	평화	Ⅲ.4.세계화 시대의 우리의 과제	Ⅴ.2.정처 없는 삶, 난민	'잃어버린 아이들' 그림책 토론	3학년
7	사회 참여 평화 인권 연대	Ⅲ.3.인간 존엄성과 인권	Ⅶ.1.세계 질서의 유지	평화·인권 프로젝트Ⅱ	1학년
		Ⅲ.4. 세계화 시대의 우리의 과제			3학년

〈세계시민과 도덕 교과 연계〉

번호	주제	도덕 단원	통일시민 단원	실천 내용		학년
1	평화와 통일	Ⅲ.3.분단 배경과 통일의 필요성	Ⅰ.1.평화와 함께 하는 통일	통일과 평화의 관계		1학년
		Ⅲ.4.세계화 시대의 우리의 과제				3학년
2	분단의 아픔	Ⅲ.3.분단 배경과 통일의 필요성	Ⅰ.2.한반도와 우리의 삶	동영상토론	크로싱	1학년
		Ⅲ.4.세계화 시대의 우리의 과제			공동경비구역	3학년
3	분단의 영향	Ⅲ.3.분단 배경과 통일의 필요성	Ⅰ.2.한반도와 우리의 삶	남북 분단이 미치는 영향		1학년
4	인간 안보	Ⅱ.2.평화적 해결과 폭력 예방	Ⅰ.3.일상 평화를 위한 안보	인간 안보의 중요성		3학년
5	공존	Ⅲ.4.바람직한 통일의 모습	Ⅲ.2.화해를 위한 노력	남북한 주민들 간의 갈등 해결을 위한 서클맵 토론		1학년

6	존중 평화	III.4.바람직한 통일의 모습	V.2.정처 없는 삶, 난민	따뜻한 말 하기 연습 (적극적 경청, 비폭력 대화, 나 전달법)	1학년
		II.2.평화적 해결과 폭력 예방			3학년
7	통일	III.3.분단 배경과 통일의 필요성	IV.1.나에게 다가오는 통일	통일의 필요성 토론 및 논술	1학년
		III.4.세계화 시대의 우리의 과제			3학년
8	통일	III.3.분단 배경과 통일의 필요성	V.1.통일 한반도의 미래	통일 한반도의 모습	1학년
		III.4.세계화 시대의 우리의 과제		통일시대의 나의 비전	3학년

〈통일시민과 도덕 교과 연계〉

활동 후 모습

☀️ 도덕 교과에서 요구하는 인간으로서 갖추어야 할 덕목과 시민교육('민주시민', '세계시민', '통일시민') 교과서의 주요 주제가 토론을 통해 학생들한테 자연스럽게 스며들어 지역, 국가 및 전 지구적 문제에 관심을 갖게 되었고, 공동체 문제 해결 능력이 길러졌다.

☀️ 토론을 통한 교과 교육과 시민교육 교과서의 연계는 학생들이 세계 민주시민 교육에 쉽게 접근할 수 있게 하며, 일상생활 속에서 실천을 용이하게 할 수 있었다.

☀️ 시민교육 교과서와 교과 연계 주제별 토론 수업은 민주시민으로서의 품성을 기르고, 인류와 세계의 발전에 공헌할 수 있는 성숙한 시민으로 성장할 수 있도록 하였다.

나. 프리즘 카드로 국제사회 문제점 엿보기

목적 | 프리즘 카드를 활용하여 국제 사회의 문제점에 접근하여 토론 수업으로 해결방안을 도출해 본다.

방법 & 활동 내용

❶ 토론 수업에 적용할 수 있는 프리즘 카드를 조별 숫자에 맞게 구입했다.

❷ 그림으로 되어 있는 프리즘 카드를 4~5명으로 구성된 조별로 한 세트씩 나누어 준다.

❸ 프리즘 카드를 가지고 아래 순서로 토론 수업을 진행하였다.

생각 열기	▶ 프리즘 카드로 마음 표현하기 - 자신의 마음을 표현할 수 있는 프리즘 카드를 3개 고르기 - 프리즘 카드를 보여 주며, 돌아가면서 자신의 마음 표현하기	
생각 나누기	**1학년**	**3학년**
	▶ 영리 병원이 허용된 국가는 어떤 나라가 있나요?	▶ '다국적 기업' 하면 어떤 기업이 있나요?
	▶ '영리 병원' 하면 떠오르는 이미지를 3장 고르고 돌아가면서 이야기를 나눕시다. (핵심 단어만 쓰세요.)	▶ '다국적 기업' 하면 떠오르는 이미지를 3장 고르고 돌아가면서 이야기를 나눕시다. (핵심 단어만 쓰세요.)
토론 주제	영리 병원을 허용해야 한다.	다국적 기업에 제한을 강화해야 한다.
토론 개요서 작성	▶ 자료 검색을 통해 토론 개요서 작성하기	
찬반 원탁 토론	입론(주장, 이유, 근거) - 2차 발언(반론 및 질문) - 3차 발언(재반론 및 답변) - 최종 발언(마무리 발언)	
생각 정리하기	▶ 토론 후 주제에 대한 소감을 쓰고 발표해 봅시다.	

〈프리즘 카드를 활용한 원탁 토론 수업〉

프리즘 카드 활용 원탁토론

3학년   반   번 이름 :

◎ 생각 열기 ▶프리즘 카드로 마음 표현하기

  - 자신의 마음을 표현할 수 있는 프리즘 카드 3개 고르기

  - 프리즘 카드를 보여 주며, 돌아가면서 자신의 마음 표현
  하기

◎ 생각나누기 ▶'다국적 기업' 하면 어떤 기업이 있나요?

▶ '다국적 기업' 하면 떠오르는 이미지를 3장 고르고 돌아가면
서 이야기를 나눕시다. (핵심 단어 만 쓰세요.)

◎ 토론 주제 : 다국적 기업에 제한을 강화해야 한다.

▶ 각 패널들의 주장과 그에 대한 질문 및 반론을 듣고 적어
봅시다.

패널		1차 발언(입론) - 2분	2차 발언(질문 & 반론) - 2분
찬성	①		
	②		
	③		
	④		
반대	①		
	②		
	③		
	④		

패널		1차 발언(입론) - 2분	2차 발언(질문 & 반론) - 2분
찬성	①		
	②		
	③		
	④		
반대	①		
	②		
	③		
	④		

◎ 생각 정리하기 ▶ 토론 후 주제에 대한 소감을 쓰고
발표 해 봅시다.

<프리즘 카드를 활용한 원탁 토론 수업 활동지>

프리즘 카드를 활용한 토론 수업을 마치고

◇ 프리즘 카드를 이용하여 토론을 한 것이 토론 수업 중에 가장 재미있었다. 똑 같은 카드인데도 다른 의미로 설명하는 친구들을 보고 신기했다.

◇ 카드로 여러 가지 생각을 할 수 있어서 재미있었다. 토론을 하면서 영리 병원에 대해 자세히 알 수 있었다.

◇ 카드를 가지고 자신의 감정을 표현하고 그런다는 게 신기하고 매우 재미있었다.

◇ 마음에 드는 카드를 골라 친구들과 이야기하고 친구들의 이야기를 들을 수 있어 좋았다.   (학생들의 글)

활동 후 모습

☀ 프리즘 카드Ⅱ는 작은 미니북 크기이고 그림도 선명하여 학생들이 카드에 있는 그림을 보는 것을 좋아하였으며, 카드 그림 감상으로 학생들의 기분 전환에도 좋았다.

☀ 다소 어렵고 딱딱한 토론 논제로 수업을 이끌 때 학생들은 힘들어 하는 경우가 발생하기 때문에 생활 속에서 접하거나 색다른 이미지로 학생들이 토론 논제에 접근할 수 있도록 하는데 프리즘 카드는 긍정적인 효과를 보여 주었다.

☀ 영리 병원과 다국적 기업 문제를 프리즘 카드로 마음을 열고, 토론 자료를 찾고, 토론에 임하여 훨씬 쉽게 토론에 접근하였으며, 영리 병원과 다국적 기업을 국제적 차원에서 바라보고, 그 문제점을 비판하고, 대안을 찾을 수 있었다.

다. 평화·인권 프로젝트 수업으로 세계 민주시민의 도덕성 키우기

목적 | 지구촌 사람들의 고통과 아픔을 이해하고, 인류 평화와 정의를 위해 기여한 사람들과 국제기구를 살펴보고, 평화 · 인권 미니북 만들기를 하면서 세계 민주시민으로 성장해 가도록 한다.

방법 & 활동 내용

❶ 5월 사계절 방학을 이용하여 '평화 · 인권 프로젝트1' 수업을 실시하고, 여름 방학을 기해서 '평화 · 인권 프로젝트Ⅱ' 과제를 수행했다.

❷ '평화 · 인권 프로젝트1' 수업은 지구촌 사람들의 고통과 아픔을 이해하고 공감할 수 있는 과제를 수행했는데, 앞부분 '인권 감수성 프로젝트'에서 다루어 생략하고, '평화 · 인권 프로젝트Ⅱ' 수업을 소개하겠다.

❸ '평화 · 인권 프로젝트Ⅱ' 수업의 1학년 과제는 '인류 평화와 정의를 실현한 인물 조사'를 3학년은 '인류 평화와 정의를 실현한 국제기구 조사'를 수행했다. 2개 학년 공통으로 희망 직업을 설정하여 평화 실천자로서 할 일을 찾아 작성하게 하였으며, 인류의 이웃을 위해 자기가 할 일을 쓰고 실천하도록 하였다.

❹ '평화 · 인권 프로젝트Ⅱ' 과제는 조사해 온 자료를 발표하면서 서로 공유하고, '평화 · 인권 프로젝트Ⅰ,Ⅱ' 과제를 수행하면서 지구촌 문제를 위해 꼭 해결해야 할 주제를 선택하여 '평화 · 인권 미니북 만들기'를 실시했다.

❺ '평화 · 인권 미니북 만들기'는 다음 순서로 진행했다.

① 시민 교육 교과서에서 평화 · 인권 관련 주제를 모둠별로 뽑는다.

② 다 같이 칠판에 주제를 적어서 최대한 겹치는 주제가 없도록 한다.

③ 학생들이 중요한 주제를 빠뜨린 경우, 교사가 주제를 더 보충해도 된다.

④ 평화 · 인권 주제를 정리하여 제비뽑기를 하여 각자 탐구 주제를 정한다. 서로 협의하여 탐구 주제를 정해도 된다.

⑤ 만드는 법이나 준비물 안내, 탐구 주제 정하기, 미니북 아이디어 스케치하기 등에 1시간, 미니북 만들기를 하는데 2시간 정도 실시하면 된다.

⑥ 다 만든 책은 발표도 하고, 교실 전시를 통해 서로 공유하고, 학교 축제에 전시하여 다른 사람들도 관람하도록 했다.

인류 평화 및 정의를 실현한 인물 조사

인물(나라) :

선정 이유 :

가슴에 와 닿는 말이나 행동 :

1. 과제 수행 기간 : 201.   .   . ~ 201.   .   .

2. 평화 및 정의 실현 관련 주요 업적과 활동 (5가지 이상)

3. 인류에 끼친 영향이나 의의

4. 관련 사진

5. 평화 건설자가 되기 위한 다짐

   - 희망 직업 / 직업적으로 인류 평화를 위해 무엇을 할 것인가?

   - 평화 건설자가 되기 위한 다짐

   - 세계의 이웃을 위해 지금 할 일 쓰고 실천하기 (5가지 이상)

〈1학년 평화·인권 프로젝트 II 내용 구성〉

평화·인권 프로젝트 수업 보고서

( )학년 ( )반 이름 ( )

주제: _____

1. 과제 수행 기간 : 201.   .   . ~ 201.   .   .

2. 주제와 관련하여 평화나 인권이 중요한 이유

3. 주제와 관련하여 평화 · 인권을 실천한 업적이나 활동

❶

❷

❸

❹

❺

4. 주제와 관련하여 인권이 지켜지지 않거나 평화적이지 못한 상황

내용	원인
❶	
❷	
❸	
❹	
❺	

5. 지구공동체가 처한 문제 상황을 개선할 해결방안

사회적 차원	개인적 차원
❶	
❷	
❸	
❹	
❺	

6. 관련 사진 자료

7. 평화나 인권을 위한 다짐이나 실천 노력

8. 평화나 인권의 실천 사례(인물, 기구)

1학년 평화·인권 미니북 만들기 주제

연번	선택 (이름)	주제	관련 검색어	공통 검색어
1		평화	안보 및 평화의 의미, 인간 안보, 생태 안보, 비폭력, 평화 감수성, 군비 감축(경쟁), 군비 감축을 위한 국가간 협력, 비폭력	지구공동체, 평화, 행복, 인간다운 삶, 세계시민, 국제협력
2		인권	인권 및 인간 존엄성의 의미, 학생 인권의 날, 세계 인권의 날, 우리 나라 사람들의 인권(침해) 상황, 각 나라의 인권 지수, 인간 감수성, 민주 시민의 자세, 개인정보 보호	지구공동체, 평화, 행복, 인간다운 삶, 세계시민, 국제협력
3		전쟁과 난민	전쟁난민, 기후난민, 통일, 평화, 테러, 난민들의 실태, 난민 문제 및 대책	지구공동체, 평화, 행복, 인간다운 삶, 세계시민, 국제협력
4		아동 노동 (착취)	직업의 의미, 일할 권리 및 의무, 어린이 및 청소년 권리, 소년병 이야기, 아동 노동, 아동 학대	지구공동체, 평화, 행복, 인간다운 삶, 세계시민, 국제협력
5		지속가능한 발전	의미, 환경 문제, (재생)에너지, 친환경적 삶, 지구 온난화, 생태환경, 나비효과, 생태 중심적 자연관, 환경문제 해결을 위한 국제적 협력, 미래 세대, 과학이나 문화의 발전 방향	지구공동체, 평화, 행복, 인간다운 삶, 세계시민, 국제협력

6		(세계) 기아 문제	식량 불평등, GMO, 국제적 빈곤, 어린이 영양 실조, 국제 협력, 세계 식량 현황, 생명과 학, 다국적 기업의 횡포, 햄버거 기업의 불편한 진실, 공정무역의 의미, 착한 소비, 착한 초콜릿, 세계화, 굶주리는 인구 수	지구공동체, 평화, 행복, 인간다운 삶, 세계시민, 국제협력
7		사회적 약자	소수자 의미, 북한이탈주민, 장애인, 노인 문제, 양성평등, 이주민, 다문화 사회, 차별, 불평등, 다양성존중, 소외, 소수자 우대 제도, 사회적 편견 사례	지구공동체, 평화, 행복, 인간다운 삶, 세계시민, 국제협력
8		생명 존중	동물 보호, 자살, 유기 된 동물, 아동 학대, 동물 실험, 안락사, 낙태, 생명경시현상, 인간소외 현상, 의학의 발달, 사형제도, 동물 사육의 문제점	지구공동체, 평화, 행복, 인간다운 삶, 세계시민, 국제협력
9		통일	평화, 분단, 이산가족, 평화비용, 통일비용, 분단비용, 통일의 필요성, 통일국가의 모습, 북한 핵무기 개발에 대한 우리의 자세, 남북교류 협력, 북한의 인권 문제,	지구공동체, 평화, 행복, 인간다운 삶, 세계시민, 국 제협력

3학년 평화·인권 미니북 만들기 주제

연번	선택 (이름)	주제 (도덕)	관련 검색어	공통 검색어
1		공정무역	공정무역의 의미, 착한 소비, 착한 초콜릿, 다국적 기업, 경제적 불평등, (절대적)빈곤, 세계화	지구공동체, 평화, 행복, 인간다운 삶, 세계시민, 국제협력
2		평화	안보 및 평화의 의미, 인간 안보, 생태 안보, 비폭력, 평화 감수성, 군비 감축(경쟁), 군비 감축을 위한 국가간 협력, 통일 국가의 모습, 북한 핵무기 개발에 대한 우리의 자세, 남북 교류 협력, 전쟁난민, 통일, 테러, 비폭력	지구공동체, 평화, 행복, 인간다운 삶, 세계시민, 국제협력
3		인권	인권 및 인간 존엄성의 의미, 학생 인권의 날, 세계 인권의 날, 우리 나라 사람들의 인권 (침해) 상황, 각 나라의 인권 지수, 인간 감수성, 민주시민의 자세, 개인정보 보호, 북한의 인권 문제, 사회적 편견이나 차별 사례(사회적 약자), 인간소외현상	지구공동체, 평화, 행복, 인간다운 삶, 세계시민, 국제협력

4	사회 정의	(절대적)빈곤, 경제적 불평등, 공정함, 사회보장제도, 평등, 복지국가, 이상국가, 연대, 노인 문제 및 정책, (사회)정의 의 조건, 국제기구 및 국제법	지구공동체, 평화, 행복, 인간다운 삶, 세계시민, 국제협력
5	아동 노동 (착취)	직업의 의미, 일할 권리 및 의무, 어린이 및 청소년 권리, 소년병 이야기, 아동 노동, 아동 학대	지구공동체, 평화, 행복, 인간다운 삶, 세계시민, 국제협력
6	지속가 능한 발전	의미, 환경 문제, (재생)에너지, 친환경적 삶, 지구 온난화, 생태환경, 나비효과, 생태 중심적 자연관, 환경문제 해결을 위한 국제적 협력, 미래 세대, 과학이나 문화의 발전 방향, 기후난민	지구공동체, 평화, 행복, 인간다운 삶, 세계시민, 국제협력
7	(세계) 기아 문제	식량 불평등, GMO, 국제적 빈곤, 어린이 영양 실조, 국제협력, 세계 식량 현황, 생명과학, 다국적 기업의 횡포, 햄버거 기업의 불편한 진실, 굶주리는 인구 수	지구공동체, 평화, 행복, 인간다운 삶, 세계시민, 국제협력

평화·인권 미니북 만들기 안내
내가 뽑은 주제는?

뽑은 주제를 붙이세요

- 제비뽑기를 한 맨 앞의 대주제는 바뀌지 않음. 본인 주제 관련 검색어 중 선택하여 자료 준비해도 좋음.
- 소감이나 앞으로의 자세, 노력할 점, 주제에 대한 문제점, 개인적 및 사회적 해결 방안(대책)이 꼭 들어가도록 할 것
- 관련 사진은 2장 이상 붙이고, 그림이나 통계자료도 활용
- 미니북 1면에 1개의 내용으로 끝나게 할 것
- 책 앞표지는 일반 책처럼 주제(제목), 지은이(본인), 출판사(00중), 그림으로 구성, 뒤 표지는 자유롭게
- 책 제목은 주제를 넣어서 자유롭게 바꾸기
  예) '왜 공정무역인가?', '기아 문제가 해결되지 못하는 이유',
     '통일의 필요성'
- 관련 자료를 찾아와서 수업 시간에 완성
- 책 내용이 자연스럽게 구성 될 수 있도록 수업 전에 책을 어떻게 구성할 지 생각해 보고, 자료 준비해 올 것

☀️ '평화 · 인권 프로젝트 II'는 현재 지구촌의 고통과 아픔을 어떻게 해결해 나가고 있는지를 이해하고, 앞으로 어떤 자세를 가져야 할지를 논의하고 공유하는 좋은 기회가 되었다.

☀️ 과제 수행으로 우리 사회 및 국제적 문제에 대한 관심이 늘어났으며, 청소년으로서 정의로운 사회 변화를 위해 무엇을 할 수 있을 지를 고민하고 실천하는 기회가 되었다.

☀️ 1학기 동안 평화 · 인권 교육을 실시한 후, 평화 · 인권 프로젝트와 미니북 만들기를 실시함으로써 평화 · 인권 주제에 대한 이해도가 높아진 학생들이 자신감을 갖고 활동에 주도적으로 참여하였다.

Ⅴ 민주시민교육을 마무리하며

　민주시민교육에서 다루어야 할 주요 내용으로 '인권 감수성', '평화 교육', '공감 능력 향상'이라는 세 가지 주제를 정하여 이를 학교생활 속에서 학생들과 실천하였다.

　이러한 민주시민교육을 통해 학생들은 평화와 인권이라는 의미가 삶을 관통하고, 세계가 지향해 나가야 할 소중한 가치라는 것을 재인식하게 되었으며, 지구공동체가 어떻게 해야 평화롭고 정의로운 세상이 될 지를 고민하고, 일상생활 속에서 평화와 인권이라는 가치를 실천하고자 노력하였다.

수업 활동 평가 및 소감 쓰기

( )학년 ( )반 이름 ( )

1. 토론 수업

2. 봉사활동

3. 프리즘 카드 활용 토론

4. 민주시민교육(도덕)

5. 텃밭 활동

프리즘카드로 민주시민교육 소감 나누기

(　　　)학년 (　　　)반　이름 (　　　　　　)

◎ 생각 열기 ▶프리즘 카드로 마음 표현하기

- (　　　)학년을 마치며 자신의 마음을 프리즘 카드로 표현하기
- 마음을 표현할 수 있는 프리즘 카드 3개 고르기
- 프리즘 카드를 보여 주며, 포스트잇에 정리하여 돌아가면서 자신의 마음 표현하기

◎ 생각나누기 ▶민주시민교육에 대한 소감 나누기

- 민주시민교육 하면 떠오르는 카드를 3개 고르기
- 프리즘 카드를 보여 주며, 포스트잇에 정리하여 돌아가면서 자신의 생각 표현하기

▶ 민주시민교육에서 가장 좋았던 활동은?

- 포스트 잇에 써서 전지에 붙이고 돌아가며 이야기 나누기(활동명, 이유)

◎ 생각 정리하기 ▶ 수업을 통해 변화 된 점

- 포스트 잇에 써서 전지에 붙이고 돌아가며 이야기 나누기

1. 민주시민으로의 변화

교육과정 및 교과 연계 민주시민교육을 실시하면서 학생들한테 아래 설문에서의 물음을 제기하며 시작하였다. 2017년 학년 말 학생들의 민주시민 교육 목표 도달 정도를 전후 설문조사를 실시하여 파악하였는데, 그 내용과 결과를 간단히 정리하면 다음과 같다.

2018~2019학년도에는 이런 결과를 바탕으로 민주시민교육을 보완하여 실시하였다.

◆ 실시 시기 : 2017년 3월 ~ 2018년 2월
◆ 대상 학년 : 중학교 1,3학년 16명(남학생 7명, 여학생 9명)
◆ 실시 방법 : 설문조사 및 개인 면담을 통한 백분율

주제	내용
정의	-사회적 약자에 대한 적극적 우대 조치는 필요한가? -지구촌의 인권 문제를 위해 노력하고 있는가? -주인의식을 가지고 사회문제 해결에 적극적으로 참여하고 있는가? -정의로운 세상을 위해 가장 시급히 해결해야 할 문제는 무엇인가? -위 문제에 대한 좋은 방안은 무엇인가?
평화	-남북한의 평화 통일 이후의 모습을 구체적으로 제시할 수 있는가? -생명의 소중함을 알고 실천하고 있는가? -생태계에 가하는 폭력을 알고 그것을 막기 위해 노력하고 있는가? -평화로운 세상을 위해 가장 시급히 해결해야 할 문제는 무엇인가? -위 문제에 대한 좋은 방안은 무엇인가?

연대	-지구공동체가 함께 시급히 해결해야 할 과제에 대해 잘 알고 있는가? -미래세대를 위한 지속가능한 발전을 생활화하고 있는가? -시민교육 교과서 활용 수업의 좋은 점은 무엇인가? -세계 민주시민으로서 연대감을 갖고 해결해야 할 가장 시급한 문제는 무엇인가? -위 문제에 대한 좋은 방안은 무엇인가?

【도착점】인권 감수성 프로젝트로 우리나라 및 전 세계의 인권 문제를 탐색하고, 지구 곳곳에서 겪고 있는 사람들의 고통이나 아픔에 공감하며, 청소년으로서 사회 참여를 하기 위해 노력하였다. 지구촌의 인권 문제를 위한 노력 정도나 사회 문제에 대한 참여 정도에서 사전 설문보다는 사후 설문에서 긍정적으로 평가하였다. 정의로운 세상을 위한 해결 과제로 학교폭력(31%), 사회적 약자 인권 보호, 아동폭력(18%), 공정한 기회 부여(12%) 순으로 답하고, 이에 대한 해결 방안으로는 학교 폭력 예방 교육 강화, 아동 폭력 관련 법 강화, 사회적 약자 보호법을 포함한 공정한 기회를 위한 법 강화를 들었다. (각 25%)

평화 교육 프로젝트로 통일에 대한 비전을 키우고, 자연 감수성을 갖고 생명 그 자체의 소중함을 인식하며, 생명 존중을 실천하였다. 사후 설문에서 대다수 학생들이 남북한의 통일 이후의 모습을 그려 볼 수 있고, 생명 존중을 실천하고 있으며, 생태계에 가하는 폭력을 알고, 그것을 막기 위해 노력하고 있다고 답했다. 평화로운 세상을 위해 해결해야 할 과제로는 핵무기 폐기, 남북 통일(각 31%), 테러 및 난민 문제(25%), 학교 폭력(12%) 순으로 들었다. 이에 대한 해결 방안으로는 핵무기 보유국 제재, 대화와 협상 및 남북 교류(각 31%), 테러국 제재, 난민 수용 정책(각 12%), 가해자 처벌 강화(6%) 등을 제시했다.

공감 능력 향상 프로젝트로 지구공동체가 함께 해결할 과제를 찾아보고, 미래 세대를 위한 지속가능한 발전을 위해 노력하였으며, 시민교육 교과서를 활용한 토론 수업을 통해 생활 전반적인 면에서 전 지구적 공동체 의식을 가져야 함을 깨닫고, 세계 민주시민의 도덕성 및 자세를 키웠다고 답했다. 세계 민주시민으로서 연대감을 갖고 해결해야 할 가장 시급한 문제로는 난민(31%), 환경문제(25%), 남북 문제 및 통일(12%)을 들었다. 이에 대한 해결 방안으로는 핵보유국 제재(31%), 난민 지원책 마련, 생활 쓰레기 줄이기(각 25%), 아동 노동 금지, 공정 무역, 북한에 대한 제재 강화(각 6%)를 제시 했다.

우리에게 민주시민교육이란?

◇ 평화 미니북 만들기를 하면서 기아 문제에 시달리고 있는 사람들을 위한 사회적, 개인적 차원의 해결 방안을 알게 되었고, 내가 실천할 수 있는 여러 가지 노력 방법들을 알게 되었다.

◇ 평화 강연을 들으며, 6.25 전쟁에 대해 더 많은 것을 알게 되었고, 솔직히 지금까지 통일이 되지 않는 것이 이해가 되지 않았지만, 그 만큼 통일이 어렵고 힘들다는 것을 알게 되었다.

◇ 인류의 평화 및 정의를 위해 애쓴 분들을 조사하면서 '정말 국가와 세계를 위해 많은 분들이 노력을 하시고 도움을 주셨구나.' 하는 생각이 들었다.

(학생들의 글)

2. 평화 · 인권 실천가가 되어

민주시민교육을 실천하면서 평화 · 인권을 위한 노력은 어른들의 몫인 양 어렵게 생각하던 친구들이 인권, 평화, 공감 능력 향상 교육을 통해 지구공동체가 하나로 연결되어 있어 자기 삶과 분리되기 어렵다는 것을 새삼 깨닫게 되었다. 또한 평화와 인권의 의미는 아주 포괄적이어서 일상생활 속에서 쉽게 찾아서 실천할 수 있다는 것을 알고 노력하는 자세를 갖게 되었다. 민주시민교육을 통해 세계 민주시민의 도덕성을 함양하기 위해 인권 감수성, 평화 교육, 공감 능력 향상 프로젝트를 전개했다. 일상생활 속에서 학생들의 생활태도의 변화를 중심으로 세부적인 내용의 실천 결과를 정리해 보면 다음과 같다.

인권 감수성

1) '편견과 차별 극복으로 다양성 존중하기' 활동으로 '소수자 우대 제도 보장하기'에서는 프로콘 토론'을 진행하여 소수자 우대제도 확대의 필요성을 인식할 수 있었다. '우리 사회의 인권 의식 살펴보기'에서는 베이비박스 확대에 대한 찬반 원탁 토론과 인권 논술 글짓기를 함으로써 우리사회의 인권 의식을 점검해 보았다. '장애이해교육으로 편견 버리기'에서는 '장애 이해 교육 강연'을 듣고 장애인에 대한 편견이나 차별을 버리자는 취지로 '장애 이해 써클맵 활동'을 하였다. 그리고 지역의 장애인 복지시설의 사람들을 학교로 초청하여 '천연 비누 만들기' 활동을 하고, 학생들과 1:1 짝궁을 정해 '학교 탐방 안내' 활동을 하고, 이후 수업 시간을 이용하여 활동에 대한 '소감 나누기'를 하였다.

2) '지구촌의 인권 문제 탐색하기' 활동으로 '우리 사회의 인권 문제 탐색하기'에서 1학년은 평화 · 인권 프로젝트 수업을 실시 후 '우리나라가 해결해야 할 시급한 인권 · 평화 과제는?' 라는 논제로 피라미드 토론을 실시하였다. '지구촌의 인권 문제 탐색하기'에서는 3학년을 대상으로 1학년 보다 내용이 심화되고 포괄적인 주제로 '지구공동체가 해결해야 할 시급한 인권 · 평화 과제는?' 라는 논제로 피라미드 토론을 실시한 후, 폭력적인 문제 상황에 대한 태도를 생각해 보기 위해 도덕 교과서의 '학교 폭력'과 연결하여 '폭력 방관자도 가해자인가?' 라는 논제로 찬반 토론을 실시했다. 더 나아가 '지구촌의 폭력적인 상황 고발하기'에서는 평화 일지를 통해 지구촌의 폭력적인 상황 고발하기 활동을 실시했다. 그동안 탐색해 온 평화 · 인권 프로젝트에 초점을 맞추어 조별로 '평화 · 인권 뮤직 비디오' 촬영을 해 봄으로써 지구촌의 인권 문제에 관심 갖고 가까이에서 시연 및 체험을 해 보았다.

3) '사회 참여는 민주 시민의 기본!' 활동에서는 '청소년으로서 사회 참여 방안 찾기' 로 '내가 관심 있는 대통령 후보자 조사하기'를 실시하였으며, 청소년 문화를 조사하는 '청소년 문화 보고서' 와 청소년으로서 우리나라 문화를 소개하는 '자랑스러운 우리나라 문화유산 홍보 팜플렛 만들기'를 하여 수업 시간에 발표하고 축제 때 전시 하였다. '바람직한 지도자와 이상적인 국가의 모습 살펴보기' 에서는 앞에서 조사한 '내가 관심 있는 대통령 후보자 조사하기' 자료를 바탕으로 '바람직한 지도자의 기준'과 '바람직한 개인과 국가의 관계'에 대해 피라미드 토론을 실시하였다. 학교생활에서 민주시민으로서의 자세를 지니기 위해 '학교 행사에서 주인공으로 서기' 활동으로는 학

생자치회나 학급자치회가 주관하는 '생일잔치에서 서로 주인공으로 챙겨주기', '또 하나의 가족 행사를 통해 새로운 가족으로 우뚝 서기' 활동을 실시했다.

4) '평화 놀이로 배려와 존중 실천하기' 활동에서는 '당신의 이웃을 사랑하십니까?' 로 다 함께 친구들과 몸을 부딪치며 놀이를 함으로써 친밀도가 높아졌으며, '누가 꼭두각시일까요?' 놀이 후, 놀이에 대한 소감을 나누면서 놀이에서 느껴지는 힘의 부당함과 불쾌감 등을 사회의 보이지 않는 힘의 논리에 적용할 수 있음을 알게 되었다. '계란 후라이가 되어요' 놀이로는 단체 활동에서 난처하거나 곤란한 입장이 되어 봄으로써 팀워크의 중요성과 상대방의 입장을 이해하는 시간이 되었다.

평화 교육

1) '통일 교육으로 평화 통일에 대한 비전 키우기' 활동으로는 1학기 말 프로그램으로 실시한 '평화 강연으로 통일 의지 다지기'에서 6.25 전쟁 유공자들로부터 평화 강연을 듣고 전쟁의 참상을 알고, 통일 의지를 다졌다. '통일 한국의 비전 그려보기'에서는 통일 동영상 시청, 통일 이후의 모습 및 비전 제시, 통일 보고서 등 다양한 평화 통일 교육으로 통일 한국의 모습을 그려 보았다. '토론과 논술로 평화 통일에 다가가기'에서는 함께 논의하고 발표한 평화 통일 교육을 바탕으로 평화 통일에 대해 자기 입장을 정리 해 보았다. 평화 통일 교육을 통

해 남북한의 차이를 알고, 통일의 필요성에 대한 토론과 논술을 하고, 통일 한국의 모습을 그려 보면서, 자연스럽게 평화 통일의 자세를 갖게 되었다.

2) '생명 존중 교육으로 생명의 존엄성을 실천하기' 활동으로는 '다른 존재의 입장 되어 보기'를 통해 생명의 소중함을 마인드맵으로 알아보고, '생명의 소중함 알고 실천하기'에서는 사육되는 '반달곰' 동영상을 시청한 후, 생명 존중에 대해 깊이 생각해 보기 위해 동물 실험과 사형 제도를 가지고 찬반 토론을 실시하였다. '동물권 보장을 생활화하기'에서는 오락 동물, 반려 동물, 공장식 축산 동물의 실태를 살펴봄으로써 동물들의 생명이 존중받고, 행복할 수 있는 방안을 찾아보았다. 이런 활동을 통해 생명의 지구적 상호의존성과 공존을 인식하고, 스토리텔링과 토론을 접목시켜 생태계가 서로 불가분의 관계로 연결되어 있음을 깨달았으며, 국제적 연대와 협력의 필요성을 인식하고 실천하였다.

3) '자연 감수성 교육으로 생태학적 관점 지니기' 활동으로는 '텃밭 생태체험 하기'를 통해 계절 변화에 따른 생태체험을 함으로써 자연의 소중함을 몸소 느끼고, '교육공동체가 함께하는 시화전 열기' 에서는 교사 및 학생들이 쓴 시를 시화로 만들어 학교 축제와 마을 축제에 전시함으로써 교육공동체가 함께 노력하는 모습을 보여주었다. '자연 속에서 참된 나와 만나기' 에서는 자연과 함께 할 수 있는 체험활동을 통해 자연 속에서 힐링하고, 참된 자아를 만날 수 있었다. 자연 감수성 체험활동 속에서 자연과 호흡하며 살아가면서 자연이 모든 생명체의 근원임을 알고 자연을 소중히 여기는 자세를 갖게 되었다.

4) '평화 토론 수업으로 민주 시민의 역량 기르기' 활동으로는 '토론으로 생각의 힘 키우기'를 통해 '토론의 달인-세상을 이끌다.' 동영상 시청, 평화 관련 그림책 활용 토론 수업으로 토론에 임하는 기본자세를 다졌으며, '찬반 토론으로 역지사지의 자세 갖기'에서는 찬성 측과 반대 측이 번갈아 가면서 정해진 토론의 규칙을 지키며 논리적으로 배심원 및 상대방을 설득하려는 자세가 길러졌다. '평화 · 인권 프로젝트 토론으로 지구촌의 평화 문제에 관심갖기'에서는 평화 · 인권 프로젝트 과제를 심층적으로 토론함으로써 지구촌의 평화 문제에 대한 이해를 높이게 되었다.

공감 능력 향상

1) '도덕적 상상력 향상으로 지구공동체에 대한 공감 능력 높이기' 활동으로는 '이미지 메이킹으로 나의 꿈 설계하기'에서 자화상을 그리고 발표하는 과정에서 자신의 모습을 친구들한테 소개하고, 진로를 탐색하는 기회가 되었으며, '비폭력 대화로 평화적 의사소통 생활화하기'에서 상대방을 배려하며 주체적으로 자신을 표현하는 언어 습관을 지니게 되었으며, '적극적 경청과 공감으로 개방적인 자세 갖기'에서는 대화 시 상대방의 마음을 헤아리며 듣고 이해하고자 노력하는 자세를 갖게 되었다.

2) '지구공동체가 함께 해결할 과제 찾기' 활동으로는 '우리가 국제연합 총회를 개최한다면?'에서 모의 국제 연합 총회를 개최하여 외교적으로 우리나라의 입장과 위치, 역할을 살펴보았다. '전쟁은 정당화 될

수 있는가?'에서는 지구촌에서 발생되고 있는 테러 혹은 전쟁을 살펴보고, 그림책을 활용하여 난민이나 전쟁문제에 대해 원탁 토론을 하였다. '지구공동체의 재난 원조를 확대해야 하는가?'에서는 지구촌에서 발생하는 다양한 재난에 대해 우리나라의 대응 방법을 찬반 토론으로 살펴봄으로써 우리가 지구공동체의 일원으로 함께 해결할 과제에 대해 논의해 보았다.

3) '미래 세대를 위한 지속가능한 발전 추구하기' 활동으로는 '기후 변화를 줄이는 방법 찾기'를 통해 생태계가 상호의존적으로 연결되어 있음을 알고, 지구공동체의 현 세대 뿐만 아니라 미래 세대를 위한 기후 변화에 따른 공동 대처 방안을 살펴보았다 '공정무역을 바로 알고 참여하기'에서는 지구공동체가 함께 더불어 발전하기 위한 방안으로 공정 무역에 대해 알아보고, 생활 속에서 실천하도록 노력하였다. '절대 빈곤 퇴치를 위해 노력하기'에서는 지구공동체의 해결해야 할 가장 시급한 문제 중의 하나가 기아 문제임을 인식하고 나름대로 해결방안을 찾아 실천하도록 하였다.

4) '시민교육 교과서 활용 토론 수업으로 세계 민주시민 되기' 활동으로는 '교과와 시민교육 교과서 연계하기'를 통해 교과와 시민교육 교과서를 연계한 토론을 통해 우리 사회 및 지구촌 문제에 관심 갖고, 사회 비판력과 참여도를 키워 일상생활 속에서 세계 민주시민의 자세를 함양하였다. '프리즘 카드로 국제사회 문제점 엿보기'에서는 프리즘 카드를 활용하여 국제 사회의 문제점에 접근하여 토론 수업으로 해결방안을 도출해 보았다. '평화 · 인권 프로젝트 수업으로 세계 민주시민의 도덕성 키우기'에서는 지구촌 사람들의 고통과 아픔을 이

해하고, 인류 평화와 인권을 위해 기여한 사람들과 국제기구를 살펴보고, 평화 · 인권 미니북 만들기를 하면서 세계 민주시민으로 성장해 가도록 하였다.

이상과 같이 인권 감수성 프로젝트의 적용은 적극적 우대 조치 확대로 평등을 보장해야 우리 사회의 인권 의식이 높아질 수 있다는 것을 깨닫고 생활 속에서 소수자 우대 제도를 존중하는 자세를 갖게 되었다. 그리고 우리 사회뿐만 아니라, 지구촌의 인권 문제를 탐색해 보았으며, 청소년으로서 사회참여를 통해 민주시민의 기본 자질을 갖추고자 노력하였다.

평화 교육 프로젝트는 통일 교육으로 평화 통일에 대한 비전을 키우고, 생명 존중 교육으로 생명의 지구적 상호의존성과 공존을 인식하고, 스토리텔링과 토론을 접목시켜 생태계가 상호의존적으로 연결되어 있음을 알고, 국제적 연대와 협력의 필요성을 인식하고 실천하였다. 또한 자연 감수성 체험활동을 통해 자연과 하나가 되고, 자연과 호흡하며 살아가면서 자연이 모든 생명체의 근원임을 알고 자연을 소중히 여기는 자세를 갖게 되었다.

공감 능력 향상 프로젝트는 지구공동체가 함께 해결할 과제를 찾아보고, 기후 변화 완화, 공정무역 거래, 절대 빈곤 퇴치 등 미래 세대를 위한 지속가능한 발전을 추구하는 자세를 키웠으며, 교과와 시민교육 교과서를 연계하여 다양한 토론 수업을 함으로써 세계 민주시민의 도덕성과 자세를 갖추고 성장해 나가려고 노력하였다.

3. 민주시민교육을 위한 제언

민주시민교육이 효과적으로 적용되려면, 가정 · 학교 · 사회의 연계 하에 일상생활 속에서 자연스럽게 파고들어야 한다. 본인은 이런 면에 주안점을 두고, 학생들이 생활 속에서 민주시민의 자세를 갖고 실천하는 것을 중요하게 보고 교육을 실시하였다.

민주시민교육을 마무리하면서 앞으로 보완해야 할 부분에 대해 제언을 하면 다음과 같다.

1	민주시민교육의 한 분야인 평화교육은 학교교육에서 중요하게 다루어져야 한다. 평화의 의미는 타협, 비폭력, 공존, 평안, 평정, 안보 등 정신적, 사회적, 국제적 차원에서 다양하게 해석될 수 있는 다의적인 말이다. 즉, 평화는 우리 삶의 모든 면을 관통하고 있는 가치이다. 우리사회는 의식적이든 무의식적이든 많은 폭력적인 상황에 노출되어 있다. 이런 문제점을 줄이기 위해서는 평화교육이 학교에서 중요하게 다루어져야 한다. 우리나라는 남북 분단과 이로 인한 상호 대결이 초래한 수많은 문제들과 평화 통일의 과제를 해결하기 위해서도 평화교육이 절실하다. 또한 성차별, 이주 노동자의 인권 유린과 차별, 복지 사각 지대에 있는 사람들이 겪고 있는 어려움, 빈부 격차, 생명 경시 현상 등 사회적 갈등이 여전하고 학교 폭력이 갈수록 심각해지는 상황에서 평화교육은 더 큰 의미를 갖고 있다고 하겠다. 물론 몇 교과에서 평화 관련 내용을 다루지만 다양한 평화의 개념을 총망라하는 다학문적이면서 체계화된 교육과정과 교과 구성이 필요하다. 또한 교사들도 다양한 평화교육 자료를 교과 교육과 연계하여 학생들의 평화 감수성이나 평화 이해 능력, 평화 능력을 키워 갈 수 있도록 연구하고 실천하는 자세가 요구된다.

2	교사는 교과의 전문성을 바탕으로 학생들의 민주시민교육에 큰 영향을 미친다. 따라서 교사의 민주시민교육 역량을 강화하기 위하여 교사 연수의 내용을 다양화하고, 교사들은 학생들의 다양한 선호와 의견을 반영한 프로그램을 고안하고, 다양한 방식으로 수업을 진행함으로써 학생들의 동기 부여를 이끌어 낼 수 있는 효과적이고 실제적인 교수-학습 방법을 연구하여 보급할 필요가 있다.
3	경기도교육청에서는 2019학년도부터 중학교 3학년까지 연계 자유학기를 운영하고 있다. 교육부나 경기도교육청에서는 연계 자유학기에서 주제 선택을 권장하고 있다. 이런 시점에서 경기도교육청에서 펴낸 '민주시민', '세계시민', '통일시민' 3종의 시민교육 교과서를 교과 수업과 연계하여 주제선택 주제나 자료로 활용하면, 학생들이 가까운 이웃에서부터 지구공동체를 생각하는 민주시민 의식이 많이 신장되리라 본다.
4	민주시민교육 영역은 인권 존중, 민주주의 가치 실현, 생명 존중 교육, 평화 통일 지향, 국제 협력 등 그 의미만큼이나 광범위하다. 교실 수업 속에서 여러 사회 문제를 탐구하고 참여하며, 생활 속에서의 실천을 이끌어 내고자 노력하였지만, 부족한 점이 많다. 앞으로 민주시민교육을 교육과정 재구성을 통해 학교의 교과나 창의적 체험활동 속에서 지속성을 가지고 학년별로 단계적으로 적용한다면 학생들이 지구촌 시대에 걸 맞는 평화를 사랑하고, 인권을 존중하며, 지구공동체의 미래와 안위를 생각하는 세계 민주시민의 자세를 지니는데 큰 영향을 미칠 것으로 기대한다.
5	학교에서 민주시민교육을 실시하면서 통일되고 체계화된 자료가 부족한 것은 사실이다. 민주시민교육은 다양한 가치와 관점을 갖고 접근할 수 있어 이런 자료를 만드는 것 자체가 어려운 일이다. 이런 시점에서 본인이 교과 시간과 연계하여 사용한 경기도교육청에서 펴낸 시민교육 교과서는 실제 교육을 담당하고 있는 학교 현장의 선생님들이 참여하여 만들었다는 면에서 큰 의미가 있다고 본다. 따라서 초·중·고 선생님들이 민주시민교육을 할 때, 시민교육 교과서를 활용하면 어느 정도 학생들에게 학교 급별로 통일되고 체계화된 교육 내용을 지도할 수 있을 거라고 본다.

습관으로 정착된 민주시민교육

미국의 윌리엄 제임스는 인간을 일러 습관들의 묶음으로 이루어진 존재라 했다.

그는 "생각이 바뀌면 행동이 바뀌고, 행동이 바뀌면 습관이 바뀌고, 습관이 바뀌면 인격이 바뀌고, 인격이 바뀌면 운명까지도 바뀐다."라고 습관의 중요성을 강조하였다.

우리나라 국민들은 여전히 공공장소에서 여러 가지 문제를 발생시키는 사람들도 있지만, 대중교통 이용 시 예절, 공공장소에서의 예절, 공중도덕을 준수하는 태도, 교통신호 준수 모습, 쓰레기를 무단 투기 하지 않는 모습, 반려 동물 돌보는 태도 등을 볼 때, 몇 십 년 전과 비교해 보면, 민주시민 의식이 많이 향상되었다는 것을 알 수 있다.

시민들의 이러한 변화는 교육과 인터넷의 보급이 큰 역할을 했다고 본다. 민주시민 의식과 행동의 변화는 서서히 나타나고, 국민 개개인의 생각과 행동의 변화에 따라 자연스럽게 나타나는 것이다. 그래서 교사들의 교과 속에서 자연스러운 민주시민 교육 연계가 매우 중요하다고 본다.

2018년 US NEWS에서는 국가별 시민의식 순위를 발표한 바 있다. 시민의식 순위는 인권, 환경문제, 성평등, 진취성, 종교적 자유, 재산권 보장, 신뢰도, 정치적 균형 등이 포함되어 있다. 여기서 1위로 평가된 나라는 노르웨이이며, 우리나라는 26위를 기록하고 있는데, 우리나라는 인종이나 인권 등의 의식에서 낮게 평가 되었다.

국제투명성기구(TI)에서 발표한 '2017년 국가별 부패인식지수(CPI)'에 의하면 조사대상국 180개국 중 우리 나라는 51위이다. 여기서 1위를 차지한 나라는 뉴질랜드이며, 아시아에서는 싱가포르가 1위를 차지했다. 청렴도가 높은 국가는 GDP와 국민행복지수 또한 높다. 아시아에서 공중도덕을 잘 지키기로 유명한 싱가포르의 높은 투명성의 배경에는 인성 시민교육(Character and Citizenship Education)을 가정과 학교생활 속에서 철저히 습관화 되도록 가르친다는 것이다. 싱가포르의 인성 시민교육의 핵심 가치는 존중, 책임감, 회복탄력성, 정직, 배려 및 조화다. 이는 개인의 도덕적 역량이면서 싱가포르 시민으로서 기본적인 덕목이 된다.

우리나라 입시 위주의 경쟁 교육은 인성 및 민주시민교육의 정착을 가로 막고 있다고 해도 과언이 아니다. 학교 교육에서 학생들이 자유, 인권, 평등, 관용, 사랑, 배려, 존중 등 인류 보편적 가치의 중요성을 배우고, 실생활에서 실천하고, 인정받는 사회 교육 시스템이 필요하다.

그리고 사회 지도층의 높은 도덕성과 모범적인 언행이 인정받고, 존경받는 사회적 풍토 조성이 되어야 할 것이다. 또한 인류 보편적 가치의 바탕위에 타인과 비교하지 않고, 자신의 삶을 사랑하며, 행복을 찾아가는 자세를 갖는 것이 중요하다.

교사들도 학생 각자를 개별적으로 존중하면서도 공동체를 생각하는 협동적인 사고를 키워주려고 노력하는 마음가짐과 태도가 중요하다고 하겠다. 교사들은 학생들한테 사회에 대한 비판력, 분석력 등 지적 능력뿐만 아니라, 자신과 타인의 삶의 존재 양식에 대한 물음을 제기함으로써 자신을 사랑하고 타인을 배려하며 따뜻한 사회를 만들어 갈 수 있는 태도를 지니게 교육해야 할 것이다.

참/고/문/헌

1. 존 라머외,『프로젝트 수업 어떻게 할 것인가?』지식프레임, 2017.

2. 경기도교육청,『지구촌과 함께하는 세계시민』, 중앙교육, 2017.

3. 경기도교육청,『평화시대를 여는 통일시민』, 창비, 2017.

4. 최효준,『나를 넘어 세상을 바꾸는 다산의 글쓰기 전략』, 글라이더, 2016.

5. 김혜숙외 7인,『토론수업 레시피』, 교육과학사, 2016.

6. 경기도교육청,『더불어 사는 민주시민』, 해냄에듀, 2014.

7. 경기도교육청,『교과연계 평화교육 길라잡이』, 명성기획, 2014.

8. 현은자외 6인,『그림책을 활용한 세계시민교육』, 학지사, 2013.

9. 이언M.해리스, 메리L.모리슨/박정원,『평화교육』, 오름, 2011.

10. 김주환,『교실 토론의 방법』, 우리학교. 2009.

11. 조성민,『논리와 토론·논술』, 교육과학사, 2009.

12. 칼 세이건,『코스모스』, 사이언스 북스, 2009.

13. 심성보 외 3인,『도덕교육의 이론과 실제』, 원미사, 2004.

14. 통일부 통일교육원, "평화·통일 교육 방향과 관점", ㈜늘품플러스, 2018.

15. 장미숙, "평화교육 프로젝트를 통한 전지구적 공동체의식 키우기", 2017.

16. 김성수 외 3인, "학교 내 민주시민교육 활성화 방안", 교육부 정책 연구, 2015.

17. 이동기, 송영훈, "평화·통일교육 추진전략 연구", ㈜한디자인코페레이션, 2014.

18. 서울대학교 산학협력단, "평화와 공동 번영을 위한 평화통일교육 방안", 2014.

19. 강선보외, "21세기 인성교육의 방향설정을 위한 이론적 기초 연구", 2008.

20. 서울시교육청, "중학교 논술 지도 길잡이", 경인정보문화사, 2007.

21. 박영목, "중등학교 글쓰기 교육의 새로운 방향", 한국작문협회 2007.

학교에서의 민주시민교육의 실제

초판 1쇄 2019년 7월 30일
초판 2쇄 2020년 11월 23일

발행인 : 김원우
글쓴이 : 장미숙
편 집 : 손월아
펴낸곳 : 향지북스
서울시 종로구 인사동 11길 16(관훈동) 대형빌딩 203호
연락처 : 전화 070- 4249-1987   팩스 02-6442-1240
www.hjbooks.org
ISBN 978-89-966906-8-9   정가 : 13,000원

이 도서의 국립중앙도서관 출판예정도서목록(CIP)은 e-CIP홈페이지(http://www.
nl.go.kr/ecip)와 국가자료공동목록시스템(http://nl.go.kr/kolisnet)에서 이용하
실 수 있습니다. (CIP제어번호: CIP2019028270)